詩

세상에 하나뿐인 아빠의 선물이기를

다시올시선 _ 012

네가 그리워질 거야

이영균 3시집

다시올

■시인의 말■

내 딸 현주가 행복하길 바라며

–반평생 아내와 딸과 더불어 행복했습니다. 하지만 내 딸 현주는 우리의 품에서 살아온 날보다 결혼하여 지아비와 함께할 날들이 더욱 행복하기를 바라며 이 책을 씁니다.

너의 결혼을 앞두고 이 책을 쓰는 것은 앞으로 살아가면서 마음이 궁핍하거나 세상사 곤경에 처하게 되었을 때 조금이나마 마음의 위안이 되었으면 하는 것이다.

네가 세상에 태어나 옹알이를 할 때부터 짝을 만나 결혼을 할 때까지 아비 어미는 더 잘해주지 못해서 미안하였는데 염려와는 달리 구김살 없이 반듯하게 잘 자라주어 고마웠다.

생각하면 세상에서 가장 아름다운 것은 사랑이요, 세상에서 가장 아름다운 일은 부모가 자식을 사랑하는 일이니 가장 잘한 일 중 하나가 너를 낳아 기르며 함께 살아낸 일일 것이다.

너에 대한 우리의 사랑을 되돌아보니 그것은 우리가 지금껏 이루지 못했던 일과 하고 싶은 일을 너로 인해 이루기를 소망하는 까닭일 것이다.

우리가 세상을 살아낸 이유가 이러하듯이 이제 너희가 서로 사랑하고 자식을 낳아 기르며 행복하게 살아갈 것이라 믿는다. 그것은 우리보다 더 행복하고 보람되게 또 너희 자식들은 더욱 자랑스러운 자식들이 되도록 평생 사랑으로 함께하는 일이다.

아름답고 사랑스러운 내 딸 현주야! 늠름하고 자랑스러운 내 아들 호진아! 화목하게 서로를 아끼며 행복하여라. 너희는 세상에 하나뿐인 우리의 빛이니 부디 찬란하여라.

이러한 우리의 소망을 담아 이 책을 쓰나니 앞으로 새로운 삶을 살아가면서 아비 어미가 그립거나 보고 싶어질 때는 우리가 사는 서쪽 하늘을 바라보듯이 이 시집을 꺼내 읽어 보아라. 늘 저녁노을처럼 아름답고 그윽하게 너희를 지켜볼 것이니 너희도 동쪽하늘 반짝이는 별처럼 반짝반짝 행복하여라.

2013년 11월 너희의 결혼식에 즈음하여
-엄마 심경식과 아빠 이영균 씀

■차례

네가 그리워 질거야

2부 한 방울 물의 숨소리

■차례

3부 내 사랑 그 사람

4부 그 애 시집 가는 날

■차례

5부 네가 그리워질 거야

1부

궂은 날엔 더욱 사랑하리다

병실 밖 폭설

하늘이 내려앉는다
병실에 주저앉은 병마보다 밖이 더 사나운 날

걱정 어린 눈길로
폭설을 헤치고 꾸역꾸역 모여드는 저들
속병이 깊어진 그 친구
그때는 챙기는 이 아무도 없더니
오늘 모여든 마음을 보니 우정이 가히 우묵해 보인다

폭설에 길은 지워져도
돌아갈 길보다는
"수술 잘됐다니 훌훌 떨고 일어나라."
만신창이가 된 마음 북돋아주는 힘
한마디씩 내려놓는다

유난히 혹독한 날씨가 순식간에 녹는다

마지막 밤

겨울비 소리 없이 젖어오는
일월의 마지막 밤

이불을 뒤집어쓴 채 골똘히 상념에 젖어들면
새해 인사를 했는지
그에겐 안부를 물었는지 말았는지
계획서로 컴퓨터를 가득 메운 채
저 빗소리처럼 궁리만 무성하니
삼백육십오일 끝까지 올라갔다가
뒷걸음쳐 사다리를 내려오는
손때만 어설프게 남기고 말았다

어느새 다 지나가버린 일월
칼바람에 삭정이 부러지는 소리만
가슴을 깊이 찌르는 밤
매년 일월은 그러했는데
그래도 올 일월 마지막 밤은
나로호 발사 성공과
세상사 이런저런 희소식에
얼어붙다 쏟아져 내린 봄기운이다
마른 가슴으로 녹아내린 습기가 축축하다

사랑을 다림질하는 사람
– 주말부부

그녀는 재회를 알고 있기에
다짐을 하며 와이셔츠를 다리는 것이다

구겨진 날들을 펴듯 마음의 꽃잎을 펼쳐
찌든 피로를 빨고
조각들을 모아 나비의 날개를 깁고
사뿐히 날아가기를 기도하는 것이다

오늘의 이별은
이슬을 털고 일어설
풀 먹인 아침처럼 팽팽하고
신혼의 첫날처럼 상쾌하라고
다짐을 다리는 것이다

저 불빛에 며칠의 벽, 환하게 허물며
눈앞에 현기증으로 다가선
꽃다발 든 그 손가락
기다림에 길어진 유리잔 굴절 같았다

다림질하는 그의 노래는
분무기로 흩뿌린 는개처럼 흐느꼈다

입춘

김 서린 안경 저 멀리 흰 산
메마른 삭막한 계절
냉랭한 돌부처들의 외면

헐벗은 나목은 단지 해동의 봄을 기다릴 뿐이지
있지도 않은 서정 가상假想해 본들
누가 그걸 詩라 여기겠나

그래도 발버둥이 가상嘉尙치 않나
돌아앉아 외면만 하는 것들은
돌섶 밑 고드름만 무성히 달고 앉았네

오늘이 입춘이라던가?
귀도 눈도
그래 이젠 마음 좀 열어 보게

세상 끝을 지켜선 나무

담 높은 고적孤寂한 그 집엔
눈먼 채 세상사 지켜선 나무가 있다.

가시만 무성한 저들의 죄상 눈감아 주며
큰 그늘 드리우고 오래 인내한 채
새 생명 환하게 피워내는
담장 안으로 쏟아지는 금빛 햇살
눈부시게 이고 선 나무가 있어

저들의 새움
나는 나무의 눈을 통해서
비로소 세상을 볼 수 있었다

사랑합니다. 어머니

숟가락 등으로 국을 뜨시는 어머니
잠시 기억이
아주 오랜 곳으로 가신다

내가 아이 때의 기억을 잊어버리는 동안
어머닌 동짓달부터 길어진다는 노루 꼬리만 한 햇살만큼씩
기억을 잘라내고 계셨다

어머니의 눈 속을 들여다보면
잘라낸 당신의 기억 속에서
지워져 가는 나의 기억들을 깨우시느라 애달프시다

돌아오면 나는 기억을 또 잊어버리고
어머닌 지워져 가는 내 기억을 깨우기 위해
당신의 기억을 또 잘라내시느라 노심초사

그러다가 얼굴이 맑아지면
"아비야 자꾸만 정신을 놓치는구나."
나비 날갯짓하듯 손사래만 치신다

생선가시

요즘 내게 수업修業이 하나 더 생겼다.
어머니와 겸상하는 시간엔
예전에 어머니가 그랬을
열 손가락 끝에 정체를 드러내는
깊이 숨기고 오대양을 활개 쳤을 강한 힘
어쩌다 조그만 접시 위에서 해체를 당하는지
그놈, 이 시각 내게는
오직 어머니의 반찬거리일 뿐이다
알몸으로 숟가락 위에 누워서도
삭아버린 어깨에 활강의 힘이 전해지길
'잇몸뿐인 어머니 입속 부드럽게 미끄러지려무나.'
접시에 남은 힘 내 입에 몰아넣어 보면
살점보다 가시 천지
발라내도 억장 무너지는 서글픈 빗장
꾸역꾸역 넘기는 목구멍을 콱콱 찔러온다.
왜소한 체구의 구순九旬 노모
고운 자태는 간 곳 없이 서글픔만 어찌 저리
내 목구멍에 넘어가는 힘이라도 떼어 드렸으면
가슴으로 데워주시던 사랑 아직 이리 뜨거운데
온 살 다주시고 뼈만 앙상한 몸
문밖 갈 길이 멀고 험해도

가벼운 몸보다는 튼튼한 힘이 필요할 텐데
어머니의 숟가락 챙기는 내 눈엔
울컥 눈물이 소금 간을 친다

궂은 날엔 더욱 사랑하리다

내 곁에는 살가운 그대가 있습니다
잔잔한 날보다 파도를 타는 날이 더 많은 내겐
파랑, 그대는 그리움입니다
비에 곤죽이 되는 파초의 날에는
하늘을 날다 부러진 상처를 어루만져 줄
그대는 파랑이어서
철썩이는 나의 날개를 쓰다듬습니다
그때는 내가 파랑인지 그대가 날개인지
우리는 비 개인 맑은 날의 하늘입니다

늘 그대 곁에는 다정한 내가 있습니다
화사한 봄날이 더 잘 어울리는 그대에게
나는 그리움이 되고 싶습니다
꽃비에 젖는 새털 같은 날에는
하늘에 날아올라 우리의 봄날을 노래하는
그대의 파랑새로서
구름 한 조각 물어다가 면사포로 씌워주겠습니다
가슴에 가득 붉은 꽃 피워내는
우리는 봄날의 영원한 그리움입니다

우리의 길은 꽃길만은 아닙니다
가시밭길 핍박받는 궂은 날도 있고
벼랑 끝에 서는 지독하게 험한 날도 있을 겁니다
그런 날에도 서로 의지하며 사노라면
개인 날엔 행복하였노라 옛말을 하겠지요

어머니의 봄

창밖이 아직 묘연한 어머니의 봄
저 회색 속 아득한 그곳
노랗게 빨갛게
가쁜 숨 몰아쉬고 있을
육십 성상 사무친 망향의 봄
요즘 부쩍 훌훌 털고 사뿐히 날아오르는
노란 나비 꿈을 꾸신단다

꿈속 친정어머니가
비단 금침 덮어주셨다는 구순의 노모
등에 업어 드리는 내 꿈도
노란 미풍 속 마냥 날아가고만 있다
어린 날에 들려주시던 육몽六夢의 나라
푸른 물결과 영산홍 붉을
어머니의 고향 황주까지

* 육몽(六夢): 정몽(正夢:편안한 꿈), 악몽(噩夢;놀라는 꿈), 사몽(思夢:생각하던 바를 꾸는 꿈), 오몽(寤夢; 비몽사몽간에 꾸는 꿈) 희몽(喜夢:기뻐하는 꿈) 구몽(懼夢;두려워하는 꿈)을 뜻하는 여섯 가지의 꿈.

배내옷

이름만으로도
어머니의 포근한 젖가슴 뽀얗게 살아난다
사랑이란 언어를 가르쳐 주신
허기진 빈 가슴에 꽃을 피우게 하신
세상을 품도록 가슴으로 언 달걀 녹여 주신
그 비릿한 젖
어머니의 거룩한 헌신

생각만으로도
울꺽 종아리에 피멍자국 살아난다
교과서에 없는 인의 본
몸으로 말씀하시던 참의 본
육신의 굶주림보다 정신의 궁핍을 알게 하신
그 흠뻑 배인 가르침의 얼룩
어머니의 뜨거운 눈물

배내옷 보면
어머니의 모습은 거룩함이어서
뿌리 깊은 곳에서 그리움이 피어난다

달 오르는 소리

저 소리 들리시나요
갈 뫼 골 동산 너머 오는
저 두둥실 막 떠오르는 만월 말이에요

머슴애들은 쥐불을 놓고요
계집아이들은 둥글게 손을 잡고요
별판엔 달빛 한 줄씩 소원을 써가요

저 보름달 초가마을 그때는
잡을 수 없을 만큼 너무 컸고요
아파트 마을 되고는
너무 높아서 잡을 수가 없어요

달빛, 밤 밝혀 써 내리는 소원
예전처럼 깨알 같아요

열차가 서는 그 겨울찻집에서

차 달이는 풍경을
물끄러미 바라보았다
쓸쓸한 창가에 피어나는 따뜻한 향기
품 단정히 꼭 다물고 있어도
몸짓 스쳐 그려질 때마다
녹아내리는 얼음 내음 은은하였다
정오 햇살 가르며 열차가 들어오고
창밖 처마 끝 고드름
또옥또옥 눈물방울 떨어진다
눈길 마주치는
따뜻한 얼음 내음을 뒤로
찻집을 나서는데
초면임에도 그렁그렁 애틋한 눈빛
등 뒤로 쏟아진다
돌아보니 창가엔 찻잔만 덩그러니
흰 눈 속의 복수초 차향이 깊다

봄 오는 소리

길게 드리우던 그림자 꼬리가 점점 짧아지고
그의 기침 소리가 잦아드는 걸 보면
긴 고통이 끝나가고 있음이다

동백 작은 봉오리 붉게 화색이 돌곤 하더니
들꽃이 만개하는 계절에는
그곳에 피겠노라던 예견
점차 개화의 빈도가 잦아짐은
그도 꽃잎 피울 시간이 가까웠음이요

아침마다 햇살 붉어짐도
겨우내 얼었던 그의 땅이 녹고 있음이다

찬란한 아침

그날 그들은
세상을 밝히기 위하여
아침 해를 다시 떠오르게 하였다

그 짙은 해무 속에서
숨은 얼들을 모아
한날한시에 빛을 발하게 하였으니

다시 밝아올 아침을 위해
삼월의 조국 방방곡곡
뜨거운 구국의 혼들이 만발하였음이요

이 찬란한 아침
빛이 된 거룩한 이들이여

꽃 피는 봄날에

초현인 꽃망울
어느새 차올라 상현의 한 송이 꽃이 되었다
찬이슬에 별빛 빛나는 밤을 지나며
상현 그리던 꽃님이 화촉 밝히는 날이다
꽃병에 물을 채우며
활짝 피어나라 소망 애틋하였는데
어느새 병목을 꼭 차올라
폭 쌓인 웨딩드레스 주인공인 꽃님이
하객들도 모두 상현인 듯
예식 내내 환하게 출렁인다
별빛을 밟으며 밤하늘에 꽃잎 수놓다 보면
빛이 없는 어두운 밤도 숱하리
가느다란 기우를 뒤로
환한 달빛의 출렁거림이 채 가시기도 전
한 별씩 식장 밖으로 사라져 간다
잘 살아내리. 돌아가는 바람들
제 화단에 피어날 꽃의 새순 떠올리는데
아직 흰 눈 가슴에 피는 에델바이스였다
애써 흰 눈을 헤집고
은빛 울먹이는 울음을 달래며
손끝에 사려오는 아림을 숨긴다

앞서 가는 저 아비들
겨울 벗어내는 초현인 꽃들 감싸 안기 한결같으리
또 한 번 화촉 위하여
꽃잎이 상현처럼 환하게 차오른다

그 사람의 마음
– 가평서 만난 사람

쪽빛 호수를 지나
숲길로 오리쯤
산기슭 낮은 집 한 채
꽃과 새소리
언제나 새 묘목을 심는
한가로운 듯 꿈을 꾸는 곳

정수리까지 청설모에게 내어주는
울울창창
너무도 높은
그 잣나무 숲

설빔

살갗을 감아오는
새 옷의 날 선 감촉

걸을 때마다 스치는
새것의 어슷한 소름

언 몸 감싸 안던
그 겨울 말간 햇살 같다

나는 얼마나 남겼을까

짙게 혹은 옅게 나는 얼마나 남아있을까.

젖내 부드러운 강보
자갈밭 맑은 개여울 물장구
뺨 시린 새벽열차
철로 위를 달리는 분주한 일상
나이만큼이나 그림자를 키우던 오후의 빌딩 숲
무수한 곳에

아버지와 어머니
처와 아이, 형제, 친지들
친구들, 지인들
이해타산으로 얽힌 그들
무수한 그들 속에

존재를 확인하던 거울
마음을 담던 꽃병
숨소리를 찍어가던 거리
더 높게 더 멀리 날갯짓하던 계단
하루를 잠재우던 침실들
자화상을 스크랩하던 서재
무수한 것

한 해의 끝, 12월의 깊은 밤
아무도 모르는 사이
창 너머엔 그 누군가 하나의 별로 또 사라져간다

끝

―송년 시

동녘에 찬연히 일어서던 아침
오늘도 욕망으로 붉게 타오르는데
하늘을 치닫던 천리마의 쾌락은 어느덧 식어 어둠처럼 깊어지고
허무만 상엿집 죽음으로 남았는지

그러면 아직도 남아있는 내 안의 욕망은 무엇이란 말인가
배부른 자의 문전을 기웃대는
굶주린 유기견처럼 군침을 흘리는
늘 사랑에 허기진 비렁뱅이의 삶
이 저주는 또 무엇이란 말인가
황홀하게 저물어 사력을 다한 저 마지막 노을
그의 눈빛이 내게 전하는 호소
그 의미는 또 무엇이란 말인가
살아오는 동안 발길을 잡던 가련함을 보았는가
낮은 곳에서 그들의 처절한 절규를 보았는가
말라가면서도 꽃을 피워내던 가시덩굴의 애절한 사랑을 보았는가
이것이 아직도 내가 갈망하는 답은 아닌지

늘 허기진
그래서 또 새로운 아침을 기다리며
내일은 오늘보다 나으리라고
또 새로운 사랑을 하게 되는
희망 그리고 또 아침
내일은 또 다른 찬연함으로 일어서야지

끝이란 새로운 시작이다

깊고 푸른 쌈지

엄동설한 그 한복판이 어머니 출생일이다
유난히 춥고 눈이 많은 올해
어머니의 백발처럼 온통 세상이 희고 차다

가지런히 차린 홀쭉한 체형
쭉정이가 된 쌈지처럼
손때와 주름으로 낡은 세월이 묻어난다

평소 덩그러니 앉아
말 없으신 어깨엔
늘 그리움이 내려앉곤 했다

하지만, 어머니는 벌써
주방에서 흘러나오는 아내의 들뜬 소란처럼
젊은 기억들을 모두 펼쳐놓고 싶으시다

한 놈, 두 놈,
당신의 손길이 쓰다듬던 애지중지 핏물들이
이젠 제법 굵은 핏줄이 되어
위안의 선물로 왁자하다

홀쭉한 체형이 오랜만에
식솔들의 웃음으로 풍만해져 자못 즐겁고
퍼주기만 하시던 쌈지 주름이 펴진다

그 밤
토끼가 거북이를 타고 하늘을 날아가는
무병장수의 예지몽을 꾸었다

빙판

받아들이고 싶지 않았다
하지만, 무거운 엉덩이로 내 얼굴을 깰까 봐
하는 수 없이
온몸으로 쿵, 받쳐주었다

얼굴에 금이 가고서야
내 마음은 허상뿐이란 걸 알았다

후회해도 소용이 없었다
반질반질 길 한복판에 광을 낸 잘못에 대하여
길가에 푸석한 것들이 웃을 때
이미 금이 가버린 채

비로소 대립의 각을 세운 위선은
결코, 나의 엉덩이를 받쳐줄 수 없다는 것을

2부

한 방울

물의 숨소리

산통

껍질 벗느라 그리 애쓰더니
오늘 아침 드디어 산통이다

요 며칠 햇살 한껏 포근한 것이
볕 고운 곳마다
껍질 깨는 아우성이어서
드디어 꽃들 봄나들이를 나선다
향기부터 퍼트리란 본능 따라
제각기 여린 살 내밀 몸치장이 한창이더니
스스로 무거운 껍질을 벗은 것들
열린 몸속의 꽃잎
하나둘 울긋불긋 피워낸다

부풀대로 부푼 이 봄
누구라서 아무 일도 아닌 듯 태연할 수 있으랴
이 아침 저 꽃들과 한마음으로
나 또한 이 봄을 문안한다

등

언젠가 친구가 내 가슴에다 서럽게 토설한 후
나는 내 딸에게
가슴 대신 넓은 등을 내어주었다
그러면 딸아이는 등에서
이내 편안히 잠이 들곤 했다

떠난 비운의 친구를 묻었고
빈곤에 저민 흉과 옹이
불효한 못쓸 망종
강한 것에 꺾인 비굴함 등
실패에서 오는 절망과 서러움으로
절름거리던 젊은 날
가슴에 박힌 수많은 가시밭
그 때문이었을까

가슴 대신 등으로
커다란 둥지하나 되어주는 것은

봄나물

어느새 기침하셨을까
조심스러운 출근준비에 빠끔히 방문을 연다
"왜 자꾸 방문을 두드리니?"
흐릿한 정신에 치매기 섞인 역정
아니라며 더 주무시길 청한다

출근길 현관밖엔 아직 이른 새벽
하지만, 기분 좋을 만큼의 찬 기운이 반긴다
그러셨구나
외출이 녹녹치 못하여 잠결엔 아마도
몸이 가벼워지셔서
봄 동산 꽃향기에 취해 계셨으니…….
무심한 부산함이 어머니의 봄을 쫓아 보냈다
저녁상엔 냉이나물이라도
이가 없으니
달래 향 봄 냄새 향긋한 토장찌개가 좋겠다

붉은 해를 향해가는 출근길엔
님의 봄, 찬란히 빛나고 있었다

홍매가 피는 밤

달빛에 끊어질 듯 이어질 듯
북쪽 창으로 길게 뻗은 가지 끝
겨우 몇 송이 피워낸 홍매를 보며
살아생전에 북쪽 벽을 향하여 잠을 청하시던
베갯잇 적신 어머님을 뵙습니다

그리움 얼마나 컸으면 피는 꽃잎 저리 붉은지,

달빛에 드리운 꽃잎 잠든 날 향해
그윽이 쏟아내시던
살아생전에 홍매처럼 고우셨던
북녘이 고향이신
어머님의 정겨운 눈길만 같습니다

너무 진한 향기는 함정이기 십상이다
– 썰과 설

하얗도록 쏟아내는 맑은
저들의 이야기
진정 마음에서 나올까
어디서 어디까지가 진실인지

눈으로 말하지 않는
내 눈 속에서 다른 이를 보고 있는
내 손잡고도 다른 이의 손가락에
반지 끼워줄 환상으로
초점이 지구 건너편에 가 있는 사람

벚꽃 망울진 길
피어봐야 홑잎인지 겹잎인지
쌍쌍이 아리송한
한 때의 꽃무리 향기 번져간다

매혹적인 말은 썰이 십상이고
가슴 아린 말은 설이 십상이다
봄 조심, 꽃 조심
너무 설레는 말 함정이기 십상이다

징검다리 건너는 봄

왜 진작 그걸 몰랐을까
170cm 남짓한 내 키
물속에 발만 담그고 있어도 쑥쑥
잎이 자라고 꽃이 피고
허리쯤이 윤기가 나고 빨간 열매가 영그는
시냇가 팥배나무

시냇물소리 시원하고
찰랑찰랑 징검다리 중간쯤 그때
비껴가며 비틀거리다 내 손 덥석 잡던 맘
물에 슬쩍 발만 담갔더라도
그도 나와 함께 저 팥배나무처럼
잎이 자라고, 꽃이 피고
허리쯤이 미끈하니 붉게 사랑 영글었을 텐데,

산수유 꽃피는 이때쯤이면
아마도 소녀의 징검다리 중간쯤엔
누구의 맘 적시며
또 물소리 찰랑거리겠지
배꼽 빠지게 깔깔대던 휘파람소리 그 새도

푸른 마음 심기

그 숲에 가면
세상만사 모두 벗어버리고 안깁니다
당신이 내게
비운 마음으로 맑게 안겨온 날처럼

오늘은 그 숲을 위해
작은 묘목 한 그루 심습니다
우리가 아이를 낳아 기른
심정으로요

숲도 아이도
맑고 푸르라고
오늘 우리는 가슴 깊이
따뜻한 마음 한 그루 심었습니다

허허롭다

– 어머니를 떠나보내며

아무 곳에도 이유를 물을 수 없다
인연의 채찍이 끊긴
팽이

한동안 회전이 남았으리
지금 이곳 멈출
미끄러져 설 것인가?
아니면 저 뱃전에 겨우 매달려 설 것인가?
중심을 잃고 휘청거리는

유골이 하얗게 떠난 뒤
그 채찍의 이유가 사랑이었음을

삼우제가 끝나고
너른 바다에 이르렀을 때
저항이 끝난
내 몸은 무기력했다
물결에 작은 풀잎 하나로

소중하기에

그 손 수없이 움직여
쥐었다 놓았다 만졌다 쓰다듬다 흔들다
그 손길 한없이
앙증스럽고 부드럽고 자상하고 따뜻하고
또 투박하고 거칠고 험악하고 주름이 졌어도
그 손안엔 언제나
당신이 가족이 우리가
또 미움과 사랑과 믿음과 소망이 있어
그 손으로 우린
온 누리 꽃동산을 만들고자
작은 들꽃의 씨앗을 뿌렸습니다

꽃 필 그때 빨리 오길 고대하였지만
어느새 다가왔을 때는
돌아갈 시간이 가까워져 옴이
고대했던 만큼 아쉬웠습니다
꽃밭에 처음 한 송이 작은 꽃이 피었을 때는
귀함이 세상에 하나뿐이었지만
어느새 오색 꽃들이 만발한 계절이 되면
어느 곳에 피어있는지
찾을 수 없을 지경이 되고 맙니다
처음 길을 떠날 때

나와 함께였던 것처럼
계절이 바뀌고 향기가 사라져도
이 길의 끝에 도착하여서도
그대와 함께였으면 좋겠습니다

이 손
그때도 우린 서로 꼭 잡고 있을 테니까요

유리벽 속의 밖

저벅거림이 그친 건 자정이 넘어서였다
비 갠 광장 가로질러 텅 빈 대기실엔
몇몇 웅크린 맨발의 발소리들이 노숙에 들었다
밤새 창가를 기웃거리던 달빛이
가물가물 잠들어갈 때쯤
교회당 종 치는 발소리에
유리벽들이 또다시 먼동에 하얗게
얼굴을 씻으며 돌아왔다.
이슥고 코가 검고 바닥에 티눈이 박인
신문의 발들이 배급되었다
개찰구가 열리자 열차의 발들이 시동을 걸었다
서넛 발들이 새벽 공기를 쓸어내며 역무실에 들어서고
하나 둘 분주한 발들이 몰려들었다
새벽부터 저 돌아가는 발들
또 돌아오는 발들
저 익숙한 분주함들 오랜 풍경이다
일상의 발들이 또 하루의 풍경 속으로
돌아가고 돌아오고 자정이 넘자
유리벽들이 검은 코트를 껴입으며 돌아갔다
저벅저벅, 저벅저벅
이념, 사상, 생존, 전장이 지나갔다

자유, 평화, 인권, 보장도
빌딩 유리벽들이 생기기 전 성벽들이
주막에서 요기하고 짚신을 갈아 신으며
많은 자취가 새겨져라, 발자국 찍어댔을 것이나
세월, 환경, 사람 다 바뀌어도
대기실은 여전히 밖, 제도권 안에 있어도
바깥인 그들의 종착역이다

믿음

휴대전화 멜로디를 타고 액정에 김 사장이 떴다
"이 사장 부탁하네."
집 짓는 일에 왜 날 찍어다 붙이는지

H사 고 전무를 엮어달란다
내 일도 태산인데
짬을 내서 새끼 엮듯
사나흘 분주한 끝에 한 마디를 엮었다
오 전무 사무실이 불과 10분 거린데
2시간 걸릴 나를 기다리느라 목들이 기린이다

땅 있고, 돈 있고, 나무 있고
못 박을 일꾼만 있으면 되겠다 싶었는데
아뿔싸, 그보다 중요한 것이 있단다
저들이 짓는 집이 장삿속이라
외관만 반질반질할 뿐
평생 다진 소신만 못하기 때문이란다
이리 재고 저리 재고
신경전에 머리가 지끈거린다
어렵다
집 짓는 일도 결국
사람이 하는 일이기 때문이다

돌아오는 길섶에 집 없어도
매년 계절을 믿고
피워내는 들꽃 향기 짙다

사타구니

능선을 내려오면
계곡의 젖과 꿀에 땀이 식는다
오싹 한기가 들 지경으로
그늘 깊은 곳
바람, 물, 숲의 냄새
천국이란 이를 이룸이었으리
산속에서 만난 계곡은 심신의 요람이다
여인네의 옷 속에 가려진 풍요처럼
먼 꼭대기에선 보이질 않고
산 노래, 산 맛,
산을 오를 때나
산을 부를 때도
잘 드러나지 않는 곳
옷 속의 가려진 곡선미가
여인네를 더욱 아름답게 하듯
산을 신비롭게 지탱해 주는 건
산의 사타구니,
산에서 내려와 물을 마시고
땀을 식히고
숲의 맛을 보는 행복한 곳

아내의 외도

TV는 숱한 스타들로 유혹하고
스마트 폰은 한 사람을 내세워 아는 척
아내를 훔친다
아내 마음 사로잡기 위해 사준 것들에게
아내를 빼앗긴 요즘

마음을 열고 속을 훔치는 동안
그녀는 좋아라. 속아주며
꽃다발에 마음을 빼앗기고 있었기에
그때도 빈껍데기만 매만지던
멀쑥한 청춘이었다

봄이면 여태도 빈 마음뿐
아내는 봄꽃들과 목하 열애 중이다

비, 수직과 수평의 서사

창밖의 빗소리 수평으로 들리는 까닭
피부로 와 닿을 바람의 차단 탓이리

창에 부딪히는 빗발의 빗금들
주욱 주욱 투두둑 툭
장렬한 신음
흐느끼듯 흐르는 빗물의 최후
바람 앞에 저항하는 수직의 수식들

그 비극의 서사
내 가슴에 와 닿을 때는
단지 방안 가득 스며드는
눅진 어스름 위 잔잔한 클래식이어서
평온한 수평으로 다가올 뿐이다

때문에
비, 그의 울부짖음에 나는 차분해진다

퇴근 길

붉다
도심의 빌딩 숲
저무는 저 태양의 눈빛

언덕을 넘는
느긋한 자전거 페달에 끼어 도는
하루

기억 속 아득한 금빛
어머니의 자혜로움만
붉다

소리치는 것들은 목이 쉰다

바람이 폭포 밑에 가면
폭포는 바람을 삼킨다

제 소리만 큰 줄 알았는데
폭포가 더 크게 소리친다
소리를 빼앗기고 돌아서면
폭포도 목이 쉬어 물줄기가 갈라진다

폭포는 나무라듯
사납게 바람의 등에 물방울을 뿌린다

오래된 소통

새로 난 길을 따라 수백 년 전 싹 튼
그와 내통을 위해
이른 아침 버스를 탔다
그것은 고요하고
비밀스러운 중에도 끈질겨
뻗어 나감의 의문이 무수한 일이다
연결 고리의 지속성
지탱을 위한 무른 듯 강한
물 같거나
또는 바람 같기도 하여
곳곳에 스미고 번져
형태도 성질도 다른 듯
질기고 끈끈하다
그와 내통하는 그들의 일치는
서로 자신으로 연유한 것이어서
이해를 초월하여
은연중 영정 앞에서 이루어지는 것이다

부모의 덕목

부모가 먼저 어버이를 공경함은
스스로 자녀에게 본이 되는 일이니
효를 강요하지 않는 어진 어버이가
슬기로운 자녀를 얻게 되는 까닭이다

들꽃이 말없이 꽃을 피워내는 것처럼

석순石筍

— 스승의 날에 즈음하여

그의 의연한 형태가 드러나기까지는
장구한 세월 무수한 질타 속에 제 몸 우뚝하였으리

때론 수직의 물살로
때론 혹한의 시련으로
때론 태양 빛의 장렬함에 퇴색되면서
살이 깎이고
피가 마르고
무수한 번민이 씻기었으리

그의 고뇌함이 백옥의 깨달음이었기에
칠흑의 동굴 속
맑아진 순수함만으로
마침내 진실 앞에 장엄하게
조금씩 쌓이고 쌓여
불멸의 진리로 승화하였으리

돌아올 내 발길 기다려 준
어버이의 마음이 그러하였던 것처럼
올곧기를 기다리는
스승의 뜻이 또한 그러하리

한 방울 물의 숨소리

저 오수에 든 고요한 물웅덩이
어쩌다 한 방울 수면을 흔드는 낙수의 역동
솟구침 가라앉으면 파동 둥글게 퍼져 나가
아직 남아 있을 기력
물가의 산 그림자 은밀히 흔들어 깨운다
깊이와 범주 그것은 기록이고 인내이다
목적도 의도도 없었을
무수히 와서는 깨지고 부서졌을
아득히 하늘이 녹아든 행의 해답인 듯
투명한 물방울의 집합
멈춘 듯 살아 있음을 구름 한 조각 흘러가고
수많은 조건 중에 선택되었을
가장 짧은 흐름이 때론 가장 맑은 생이리
햇살과 바람과 숲에서 생을 일구어내는
또 다른 물방울의 의미여서
뭇 생명이 살아 숨 쉬는 순간이다
짐승의 목으로 발자국으로
나뭇가지와 잎으로 물길이 나고
꽃피고 지고 또 다른 계절을 따라 흐른다
아득한 그곳에 닫기 위한 끊임없는 흐름
해탈에 든 고서 같은 노구인 듯

산 그림자 은밀히 깨우는
가까이 보기엔 무모한 그것은
바다를 완성해 가는 물의 길이다

어느 인고의 망향가

안개 자욱이 깔려오는 침묵의 땅
고향 벌판 잔잔한 어깨동무의 기억이여
긴 세월 번뜩인 분단의 세월
억센 칼바람
철책선 너머 돌아온 독수리 떼 날개 쉬어 내려앉고
들판엔 야트막히 안개를 재우는
한낮의 햇살 노구의 백발을 쪼는데
노인은 높이 전망대에 올라
고향 향해 깃을 친다

어느새 고향의 향수 뽀얗게 날려 와
눈시울엔
이팝나무 닮은 아잇적 해맑은 웃음들
노구는 팔을 뻗어 철책선 넘어 작은 냇가에서
뭉게구름을 건져낸다
바람이 남쪽으로 불어오는 날

비

비, 갈증 끝에 단비로
때론 풍요 위에 수마의 절망으로
우리의 슬픔이나 간절함 때문에도
무엇에도 원인하지 않고
오랜 기다림을 적신다

비, 기쁨이요 슬픔인 것을
다만 이 비 지나고 나면
파란 하늘 오롯이
저 꽃잎에 이슬
영롱하리니

참

휘청, 빛을 부추겨 세운다
넘어가는 태양의 허상

난 그대에게 하고픈 말이 있습니다
울창하세요
늘 푸르고 건강하세요
사계절을 닮아 사세요
옹달샘엔 동트기 직전 샛별 담아두세요
나의 계절에선 긴 겨울이 끝나고 있어요
실개천 숨 쉬는 소리 들리시나요
먼 고향에서 들려오는 봄 노랜가 봐요
말라버린
겨우 딸막거리는 목줄
그의 고맙다는 정겨움이다

둔촌재실을 나서는 노인
힘겨운 발밑을 부축한다
까마득히 계단이 곤두서 오고
연륜의 가방 받아든 두 팔
이미 그의 두 다리여서
투 둑 뚝
굵어지는 빗방울엔 우산 대신
어깨를 넓힌다

3부

내 사랑 그 사람

굴뚝새

미로에서 낯선 이와 맞닥뜨리니
지은 죄가 뭐기에
가슴이 뛰고 발끝이 움츠러드는지
비좁아 비켜서면 질게 스치는 묵계
훅 숨이 막혀오고
딸꾹질 뚝 아득히 현기증이 났지요

알 수 없는 미로의 먼 저 끝
어느 곁눈질에 촘촘히 사라지던 기억 속
절반씩 빛 꺾여 가던 담
뾰쪽한 힐 끝에 밟히던 구두코
말 못 붙여 너무 짧았던
저녁 굴뚝새가 되어버린 좁고 긴 골목
라일락 향기 좋았던 그 집
머릿속 어디에도 죄는 없는데
모퉁이엔 눈총이
숨어 보는 것만 같아
허둥대다 더 깊은 미로에 갇히지요

차라리 잘 됐다싶어
그때쯤 꼭꼭 숨어버렸지요

파문波紋

별들이 수군대는 밤
달빛에 붉게 상기 되어
꽃잎 하늘하늘 날아 앉으면
그 황홀한 향연
밤이 깊을수록 더욱
내 가슴에 붉다

유월의 찔레꽃

유월엔 가슴앓이한 이별이 너무 많았다
쉽게 지워져 간 꽃들
오월의 흔적으로
작은 멍울만 남겼다
미모의 저 젊은 미망인의 가슴에 앉은
하얀 나비

날아갈 수 없는 나비들,

한동안 폭염이 오고
폭풍이 지나가고 폭우가 올 텐데
가녀린 풀대 끝에 나락을 영글게 하여
드높은 창공에 결실을 이룰까?

서글프다
어설픈 아린 가슴들
마치 유월의 가시넝쿨 속
하얗게 웃고 선 작은
찔레꽃

바람돌이

– 풍류(風流)의 사명

화장품 가게 앞 또 시작이다
그 텅 빈 가슴에
쓰러질 듯 쓸려가는 다 해진 그의 두 팔
구름 한 점 없이
하늘만 발갛게 내려앉던 그날을 끝으로
이 빠진 머리빗 하나 남겨둔 채
그는 구름처럼 떠났다

오늘 그 자리엔
속옷 가게 바람돌이
쓰러질 듯 휘젓는 두 팔
호객행위 하늘 높이 시퍼렇다
바람 가득한 가슴
텅 빌 때까지만 그 또한 그러하겠지
가게 앞 지나는
아무 소용에도 가당치않은 그처럼

유월의 시

유월은
가느다란 찔레넝쿨 끝의 흰 꽃송이로
곳곳에 울먹울먹 슬픈 밑그림만 남긴 채
초록의 화선지로 펼쳐집니다
외기러기가 헌 둥지로 돌아와
성성한 속을 고르듯
참화로 홀로 된 이들은
비석을 매만지며 울음을 붉게 웁니다
그런 날엔 햇살도 무덤가로 내려와
울음이 다 마릅니다
촉촉한 무덤의 가슴은
먼저 간 이에 대한 서러움이고 미안함이어서
쉽게 손 놓아주지 않습니다
눈물을 훔치며 조각조각 그리움 껴안으면
장밋빛 정겨움 알알이 피어나
문 앞에 성큼 그늘을 드리우며 다가서던 미소와
가난함 속에 초록을 채우던 눈빛
날개를 펼쳐 날아 보이던 포부로
저만치 빗속으로 멀어지던 마지막 아침 등
유월은 그런 밑그림의 흔적들뿐
사랑의 참 그림은 시작도 못 해본
먹먹한 초록빛입니다

아카시아 꽃피는 아침

아침 숨결에 스미는 향기
잠결, 커튼 넘어
눈이 시리도록 하얀 손짓
내 마음 하얗도록 해맑은 웃음

유월의 웨딩드레스
그대 참 싱그럽다

내 사랑 그 사람

그는 늘 한결같아 보여
변화를 느끼지 못했다

한 번쯤 관심을 기울여 보니
어디에서 왔을까
어느 계절을 좋아할까
어떤 달에 가장 많이 달라졌을까
무엇을 위해서 왔을까
통통한 것, 마른 것 어떤 것을 좋아할까
날씨는 어떻게 달라졌을까

비가 궂은 날에도, 해가 좋은 날에도
늘 한결같아 보였던 그
활짝 웃을 때와 씁쓸해할 때
구겨질 때와 버려질 때
흩어질 때와 꽉 묶였을 때
엮였을 때와 잘렸을 때
어른다울 때와 아이 같아 보일 때
왜 전혀 다르다는 생각을 못했을까

깊이 있게 속을 알아보니
달콤한 듯, 시원한 느낌
담백하고 깔끔한 외모
화려한 중에 꽃이요, 웅장한 중에 조형작품 같은
성찬엔 감초 같고 조찬엔 주제 같은
무수한 내면
그 사람 왜 늘 한결같게만 보였을까

유월의 기억

– 현충일에는

며칠 밤 은밀한 도발
초여름 어떤 빗물엔 희게 터지고
안개 속 숨겨진 어떤 울분은 붉게 번진다

마치 비에 젖은 수채화처럼
오래전 내 아버지들의 포성
저 무덤 붉고 또 붉다

안개가 쫓겨 간 그 숲마다
철책 사이 찔레꽃 희고
손닿지 않는 붉은 유월의 장미

빗물이 마르고 햇살 눈부실 땐
다시 붉을 아버지들의 혼
저벅저벅 그 발자국 우렁차게 일어선다

당신은 장미였음을

공원 담장을 지날 때
바람 힐끗 푸른 셔츠 속을 엿본다

장미, 겹겹의 화사한 붉은 향기
문득 단아한 백합 같던 아내
수줍게 붉던 시절을 본다

철로변 바람에 시달리던
푸른 가시덤불 속
한 송이 붉던 청춘

겨우 붉은 루주 하나가 화장의 전부였던 시절
촌스럽던 옷차림
그런 것들이 모두 돌아보면
풋풋한 청순이었음을

저 담벼락 붉은
유월 한 송이
그대가 피어있다

불효자의 사모곡

가슴이 미어진다는 것
사무친다는 것
장마 통에 봇물 터지듯
주체할 수 없을 만큼 슬픔이 흘러넘쳐
눈두덩 벌겋게 허물어지는 것인데
내겐 어머니 돌아가셨을 때 한번 그러했다

그 후 얼마 동안은 물먹은 둑 모양
시도 때도 없이 눈물이 찔끔거렸다
가끔 너무나 사무쳐
어깨 넘는 흐느낌이
흡사, 늪 건너 숲 속
승냥이 울부짖는 애소哀訴 같았다

살아 계실 때 밥상머리에서
발라 드린 생선가시가
내 눈 속에서 무수한 잔가시로 자라난 듯
몹시 아프게 찔러댔다
보다 못한 딸아이
이젠 그만 고이 곱게 보내드리라고 했다

언제부터인가 딸의 말대로
애절한 한 곡절이 끝났다
통 속 허한 진동이 그쳤다
어느새 내 마음 세탁된 하얀 빨래처럼
푸른 하늘에 가증스레 펄럭였다

장미원 노처녀

너무 화창해서 한줄기 소나기가 기다려지던 날
그녀의 입에서 나오는 가시 섞인 말
향이 짙어질수록
교태가 요염해질수록
거칠다
날이 선다

꽃대에서 가시와 잎을 훑어낸 후
손님에게
꽃다발을 건네는 그녀
남겨진 한 송이 가시 돋친 장미
힐긋 늦잠 부스스 거울을 흘긴다
손님과 유유히 사라지는 장미꽃다발

싱그러운 젊음
머리 매무새 매만지며
올해는 꼭,
못내 아쉬움에 가시가 돋친다

곧 지나가리니

우르르 쾅쾅
누명으로 억울했던 때를 보는 듯
뇌성벽력, 그날의 격분이 저러했다
앙다문 이에서 새어나오던
미미한 뼈 갈림의 신음
번쩍거리며 속 뒤집어 보려는 하늘
열어 보일 수 없는
그 두꺼운 먹장구름 속
억울함은 점점 더 증폭되고
견디어 삭히노라면 누명 인정하는 일이어서
끝내는 크게 속울음 터트렸다
해명치 못할 것이라면
차라리 처음부터 다시 시작하고자
오명 말끔히 지워버리자고
결국 울음이 터져 퍼부었을 폭우
"결코 노여워 말라."는 푸시킨
그 또한 그러했을 것이다
이 긴 악마의 시간이 지나가고 나면
새날엔 아무 일도 없었던 것처럼
여린 꽃잎에 맺힐 맑은 이슬
그뿐인 것을
허공 가르는 저 노여움도 경전 같으리
속 들키지 마라 곧 지나가리니

그리움의 깊이

물의 깊이는 한 키 남짓하였지만
심중은 무한한 깊이여서
높은 산까지도 거꾸로 심었다

그녀의 눈을 보면
내가 그 속에 자리하듯이
나를 심는 그녀의 심중 오묘하고
너무 깊다

그날 이후
그녀의 눈은 호수다

호수에 나를 심은 날은
물고기가 되어
그 속에 영원히 갇히고 싶었다

좋은 추억이란

어쩌다 석양에 서 있던 날
그 사람의 마음인 듯
내 속을 관통하는
바람의 투명함을 읽는 일이다

소용치 못한 망설임이
어느 기억 속에서 산화한 아련함인 듯
붉게 스쳐 지나는
그 사람의 마음을 느껴 보는 일인데
이젠 그를 위해 할 수 있는 일이라곤
푸른 하늘 새털처럼 날아나던
무수한 미련 지우는 일이다

하지만 산화한 마른 꽃잎처럼 부서져
꽃바람으로 나마
한 번쯤 그 사람의 마음에
석양처럼 붉게 물드는 일이다

보드라운 비

오늘 오시는 봄비
나비부인이었습니다

창 밖 모네의 잔잔한 붓질
보랏빛인가요
아른아른 눈에 어립니다

어느새 그리로 가고 있습니다
흠뻑 보랏빛에 젖습니다

머리를 타고 내린
감촉이 입맞춤해 옵니다
육신이 허물어집니다
모네의 그림 속으로 흐물흐물 빨려듭니다

그 비
정녕 나비였습니다

숙취가 속을 흔들 때

술 몇 잔에도 몸은 작아져
술독에 빠질 수 있다
잠깐인 듯 날이 밝아
문밖을 서성이는 시계
술이 취한 동안의 잃어버린 시간이다
습관처럼 물을 틀어 갈증을 지우며
아침을 다독이는데
시원한 콩나물국이었을 아내
오늘은 눈총이 쓰디쓴 고삼차다
휘청거리는 출근길 걸음은 구름 위를 딛고
해독하지 못한 간과 뒤틀리는 내장들
차창 너머 흔들리는 나뭇잎과
정신 차리라고 뺨 갈겨대는 댓바람
울컥 위장의 비틀림이 시작되고
견디어내느라 초상권은 백지장이다
종일 숙취에 잠겨 성글게 시간을 접어대도
주독 든 햇볕은 창가에서 쉬 넘어가지 않고
수시로 수돗가로 호출을 당하다가
퇴근길 가라앉은 몸 일으켜
길고 긴 하루를 접어 가는데
또다시 유혹하는
"술 한 잔 어때?"

발톱 깎기

발톱을 깎다 발톱무좀으로 무너진
주검들을 칼로 후벼 팠다
핏빛이 붉게 배어난 발톱의 삶
그 오랜 지탱의 속을 들여다보았다

검정고무신 속 어린아이의 엄지발톱이
축구공에 박혀 빠져버리고 없었다
젊은 날 산업현장에서 빠져버린
안전화 속 발가락의 통증보다
천 배는 더 아리고 배고팠다

그 배고픔 속엔 언젠가 담아두었을
인도네시아 아이들이 맨발에 축구화를 신고
검은 얼굴이 이빨 하얗도록
하늘로 날아오르는 모습들이 있었다.
푸른 바다에 해맑게 떠오르든 아이들의 까만 맨발들
먼 바다 건너까지 공을 차 보내려
축구화를 신기 시작했는데
내전의 포성이 아이들의 날개를 찢고 만다

버려진 땅에도 비는 온다
억센 야생화 하나둘 꺾인 꽃대
다시 일으켜 세우는 기적 위로 줄기차게 온다
물론 클라이맥스는 골을 넣고
하얀 발톱들이 반짝거리며
축구화 속에서 웃고 있는 해피엔딩이다

이제는 발톱 깎기에 익숙할 때도 되었건만
발톱에서 분출한 붉은 외침들이 창밖의 노을처럼
손끝으로 붉게 번져왔다
잔해들을 휴지에 싸며
내일 아침 구두 속에선 환하게 웃으리라
발톱들의 통곡도 함께 칭칭 동여맸다

대나무

빗소리 차분차분 그 속을 엿보면
무수한 태동이 보인다
조용한 듯 해마다 남풍을 기다려 되살아나는 생명
요즘 수반의 생각만큼 우후죽순이다

건국부터 가꾸었을 그 밭 복잡하다
제 뿌리로 자연히 번져가서는
오솔길 건너 산기슭까지 빽빽한 것이
한 핏줄의 아집이다

혁신의 혁신이 또 혁신을 낳고
대 뿌리처럼 스스로 커간다
우후죽순 그 속 엿보면
잎도 대도 마디도 똑 닮은 것이

개혁이란 곧 초심이다

비에 젖은 꽃잎

그 긴 날들을 어느 바람에 서 있었니
햇볕 좋은 날은 몇 날이었고
궂은비 또 몇 날이었니
울부짖는 긴 목엔 핏줄이 선명하고
비 젖은 꽃잎
바람결에 가엾구나
울고 싶을 땐 울어야지
바람결에 목쉰 사연
시뿌옇게 강가에 서있는 사이였으니
물에 확 번지는 시름 하염없구나
이 비가 그치고 고단했던 너의 날들
굴곡이 사라지고
꽃잎 환하게 되살아나면
그날만큼은 함께 행복했으면

산

아픔 없는 산이 있으랴
신의 작품이라 경탄을 자아내는
저 비경은 수많은 세월을 견디며
한시인들 제 살 저미지 않을 때가 있었으랴
바다에서 솟구쳐 끊임없이 제 몸 허물며 변천해온 산
아직도 주검 속에서 비상하던 기억으로
무수한 고통을 감내하며
살을 사위고 뼈를 세우는 중이리

저 웅장한 뼈대
얼마나 많은 날을 살아야 푸른 살이 덮일까
천체의 힘을 빌어 진화한 듯 하여도
스스로 붕괴하여 골짜기마다 생명을 잉태하고
태초엔 없었을 비경을 만들어 더욱 산다워졌으리
높고 웅장하여 거목이 빽빽하여야 산다운 것이니
혹 기상이변으로 쓸려 내려도
그 상처 한 모퉁이에 불과하리

우리 산을 멀리 두고 살아도 산의 줄기를 밟고 있으니
산을 부정함은 제 뿌리를 잘라냄과 같으니
그곳에 속하기를 원한다면 산중에 거목이 되는 것
우리가 스스로 산을 찾는 것은
산에 오름이 아니라
깎이는 법칙을 배우기 위해서이였으리
그것이야말로 허세를 버리고
산처럼 우뚝 서는 일
어찌 아픔 없이 산다워지리오

뜬덕국*

지금도 그 강가에 서면
엄마 손끝에서 떨어져 내리는 밀반죽
내 눈길 끝에서 퐁당 물확이 끓고
기억은 숨을 참아 강물 깊숙이 잠긴다

솥 안엔 아직도 따뜻한 엄마의 맛 이내 잠잠해지다가
생글생글 마음 날아간 자리 총총히 피는
한밤처럼 그늘이 드리운 건너편
읽을 수 없는 엄마의 수심인 듯
물밑 까마득히 멀어져
나는 가만히 쭈그리고
솥뚜껑 열릴 때까지 가라앉는다

산 넘어가는 하루
매운 화덕 연기에 붉게 물들고
숟가락 위에 넘치던 그 여름 뜬덕국
식구들 얼굴도 강물에 번져 웃음이 붉던
퐁 퐁 던져 넣은 왕관의 순간들
강물에 밤하늘 문이 열리고
비워진 솥단지 바닥에 달빛이 들면
엄마는 그제야 강물의 달이 되셨다

*수제비의 방언

그녀는 된장녀

내가 아는 그녀는 늘 제 속을 깎는다
그뿐만 아니다
남의 속도 뒤집어 보기 일쑤다
눈에 보이는 건 무엇이든

손으로 뒤집는 것이 아니다
입으로 아니
말로, 머리로, 생각으로,
마음 가득한 가슴으로 뒤집는다

늘 속을 깎아내도 마음이 가득한
그래서인지 그녀는 뚱뚱하다
속 빈 강정처럼
그 구수한 맛을 모두와 나누기 위해서

그녀는 시인이자 글 많이 쓰는 욕심쟁이고
파 보면 볼수록 매력덩이다
타인의 눈엔 엉뚱한 페미니스트이지만
그녀에게선 된장 맛이 난다

인사동 골목길

6번 출구로 나오시면 바롭니다
6번 출구 밖의 환한 빛이 눈에 들어왔다
바로 앞엔 종로경찰서가 막아선다
섬뜩 죗값부터 털렸다
경찰서 정문을 거부하며 반사적으로
한쪽 발은 왼쪽으로
한쪽 눈은 오른쪽 골목 안을 살핀다
바롭니다
그 바로가 어디인지?
서 시인 머릿속 약도는 직선으로 나있는데
못 찾아 또 전화로 물었다
이 시인은 길을 꽈배기처럼 꼬았다가 쭉 펼쳐 보인다
꼬고 꼬아 돌다 보니 막다른 골목이다
결국 돌아 나와서
마중하는 서 시인의 손에 이끌린다
끌려가며 돌아보니
"바롭니다."
사실이었다
헐고 낡은 헌 길
늘 와 봐도 골목 안 인사동 길은
반가운 문우들처럼 새롭다

그대는 풀꽃이랴? 바람이랴?

꽃은 흔들리며 피어나야 향기롭고
바람은 흔들어 피어내야 상큼한 것인데

이름 없는 꽃이거나
홀씨나 겨우 날려주는 바람이거나
한 생애 살아가는 삶의 조화인 것을
저 보잘것없는 풀꽃과
한 줄기 희미한 실바람 없이
이 세상 어찌 저리 오묘할 수 있었으리

흔들리는 풀꽃이든
흔드는 바람이든
비록 서로 다른 작은 몸짓이라도
온몸으로 한 생애 살아내다 보면
한 시절 천지를 흔들어 일깨우는
바람이거나
아리따운 꽃 중의 꽃일 때도 있으리다

삶이란

한 뼘 자신의 그림자에 야릇한 미소를 지을 때가 있다

힘겨운 날들을 돌이켜
하늘 받쳐 든 그림자, 그나마 기쁜 것인지
총기의 날들이 다 지나가고
고작 한 조각 알량한 그림자 슬픈 것인지
우울할 틈도 없이 사느라 동분서주하였기에
옛적 맑은 자신이 그리운 것이다

정상에 오를 때는 오로지 오름만 있지만
어렵사리 정상에 서노라면
물소리 새소리 계곡이 그리운 것이어서
저절로 하산하게 되느니
오르고 보면 성취감의 짧은 희열보다
역경의 순간들이 더 간절히 그리운 것이다

고로 삶이란 끊임없이 찾아드는
자신의 그림자를 밟는 일이다

시인의 눈

어찌 보면 그윽하기도
또는 고요하기도
아니면 아련하고
아득하기도

또 어찌 보면 노도 같고
또는 질풍 같고
아니면 광인의 아량 같고
선인의 분노 같고

한 사람이 담길 때도
두 사람이 들어갈 때도
결국 우주의 조화를 모두 담고도
갈구와 그리움에
늘 허기진

기다림의 늪 같다

4부

그 애 시집 가는 날

비와 나

나도 내리는 비였다
소란하게 양철지붕 위에 내리는
아니, 이른 봄날에 설렘이었을 그때인 듯
젊은 날 나는 세상 속에서 소리치는 비였다
혹 저항과 역류 후 속이 후련해지면 나는
이제 자작거리는 비였다

어느 봄꽃이 저 낙수 끝 웅덩이 물확 만큼 고울까.
투명하게 피고 지던 내 젊음의 순간들
문을 열어 비, 그 소리 들으면
변화의 물결로 밀려가던 젊은 날의 행렬인듯
비, 뾰얗게 습한 기둥으로 몰려간다
그땐 참담함에 숙연히 내리는 나였다

맑게 갠 날 길 잃은 물줄기인 듯 말라가는 나는
우뚝 가을 한복판에 서 있었다
어느 화려한 영웅이 하늘 담아 영롱한 저 물빛만 할까
어떤 기억이 저리도 아득할까
개혁의 반전으로 몰려가듯
나를 짓밟고 세월을 관통하여 어둠으로 사라진 비
그도 젊은 날의 나였다

카키색 마른 땅에 서 있어도 나는 잠긴다
그 빗소리에 상념은 물고기인 듯 소리를 따라
유유히 미끄러져 간다
갈대숲 스산한 바람에
끝내는 앙상하게 마른 비, 그도 나였다.

풀꽃 앞에 서면

나는 그들의 주인이 아니었다
돌이켜 그들이 나의 주인이었다

아직 미완성이었을 때를 보자
나는 한낱 잡목이었을 뿐
누굴 위해 그늘 지웠음 만무하다

나는 험한 들에서 오랫동안
비바람 견디어 서 있었으므로
풀꽃 미소에 몹쓸 의심만 뿌리 깊었다

햇볕을 가려주고
설피게 빗발을 막아줄 때
나의 밑동에서 풍기는 따뜻한 체온이
나무였으니 당연하다 여겼다

하지만 낙엽이 되고
성글게 가지만 앙상해 졌을 때
풀꽃은 꽃잎을 지우며
나를 믿고 풀씨를 내 발밑에 심었다

고로 나는 그들을 위해 겨울을 견뎠다
그런 의지는 나로 인한 것이 아니었다
그로 인한 그들을 위한 삶의 감읍이었다

평생 뿌리 깊을 나를 위해
아니, 새봄 꽃피울 풀씨에 의하여
가장이 되고
비로소 수목이 되었다

딸 아이 시집가는 날

나는 갈팡질팡 번민으로 깊습니다
종일 그 애 생각에 용광로 같은 세상 고열이 발끝에 옮겨 붙는 줄도 모르고
환한 웃음 마냥 시원하여 쉿물 앞에 서 있습니다

나는 아주 오래전 그곳에 와 있습니다
내 손가락 끝에 매달려 옹알이하는 아이를 품습니다
몇 날 며칠이 지났을까 점점이 내 이름 귓전에 들려옵니다

나는 천지가 무너져 내리는 슬픔 중에 가라앉고 있습니다
세상 속으로 떠나가는 혈육의 이별을 보며 땅속 깊이 가라앉습니다

하지만 어느 순간 나는 고요한 평온함에 안깁니다
귓전엔 고운 여인의 음성이 들립니다
익숙한 은빛 구슬 같습니다
그 애의 음성입니다

나는 하얀 백의의 나래를 봅니다
어느새 고운 여신이 된 그 앨 봅니다
세상 긴 고통의 쇠사슬이 은빛 찬란한 영광이 되는 순간입니다

나는 하늘에서 내리는 은빛 눈물에 목이 멥니다
그 애가 한 송이 꽃이길 바라서 세상의 쇳물에 마음을 녹이던 평생의 내게
평생의 반려자와 함께 하얀 면사포 속에서 고마운 눈물을 지어 보입니다
그 애는 언제나 내겐 여린 꽃일 뿐이기에 기쁨의 눈물 너무 깊습니다

아내는 물안개

그때 소양강 물빛에 비치던 푸릇한 아내는
아이를 둘러업었기에
더없이 자혜로이 흐르는 강물이었다
다슬기 한 줌에 된장을 풀고
구수한 시래깃국을 끓일 때는
손맛이 강의 넉넉함과 어우러져
그 맛 강기슭 물안개인 듯 혀끝에 아련하였다

노을이 우리 몸을 감싸 안고
정 깊도록 울타리 호박잎 사이로 저물어가기를
강물에 텀벙 몸 씻는 하루해 검붉으면
낱장의 연탄과 홀쭉한 쌀자루가
발목을 잡던 가난하던 그 저녁
그래도 아내는 스물세 살 푸릇하니 고왔다

안채 주인 할미가 건네던 된장이
상추와 함께 입안에서 번지던 귀 떨어진 저녁 밥상
웃음만으로도 푸짐하였는데
굴다리 밑을 흐르는 물소리에 인천 친정에 닿는
빈 자루 속 한 홉의 쌀만으로도
곤히 잠든 아내는 달 품은 강물이어서
새벽 뽀얀 물안개로 피어나곤 했다

바람이 가시 끝에 머물 때

칠흑 같은 밤 탱자나무 울타리 지나다 보면
아직도 가슴에 찔려오는
가시 하나
난 울컥 울타리 흔드는 바람으로 서 있다

내 마음 그에게로 갈 때마다
별 하나씩 서산으로 숨던
애틋한 이별의 순간
새벽 가시 끝엔 이슬만 얄밉도록 영롱하였다

별이 다 사라지고
사연 하얗게 다 발해버린 울타리
슬픈 가시 하나
그가 떠난 가시 울타리 사이, 난 바람으로 서있다

종로의 긴 문장

종로의 밤은 독했다
식사하면서 시작한 술자리는 3차를 돌아도 문사들의 논박으로 무색무취하였다
1차 끝에서 서둘러 간 지워진 발자국들 확인해보니
아직 퇴고는 주머니 속 줄어든 지폐만큼이다
3차 포장마차 멀건 비닐 창과 침침한 천막 벽
저 밖에는 아직 싱싱한 발자국들이 자판기 활자인 듯 불빛에 총총거린다
긴 의자인 듯 긴 논쟁에서 다리를 빼던 동료는 다리가 주독에 마비되어 걸려 자빠졌다
한 이레쯤 퍼마실 것 같더니 사지에서 혀끝까지 독이 퍼졌다
그때도 나는 종로에 있었는데 점점 밤은 장편만큼 깊어졌다

처음 종로鍾路라 칭한 그도
그 독한 밤을 취해 밤하늘 별 반짝이는 문체의 별난 빈대떡을 먹으며
취한 몸을 고쳐 세우느라 종소리를 놓쳤을 것이다
그가 팔 벌려 휘젓든 긴 문장은 피맛골 골목처럼 좁고 구불거려
발이 꼬여 비틀거리는 피에로 같았다

인정人定과 파루罷漏를 알리는 종각이 있던 이곳에서
불빛이 범람하는 대로를 향해 그 긴 역사의 주당들에서
탈출하는 밤이다

팔월이 오는 밤

가슴속 밤하늘엔 별들의 슬픔
그렁그렁
칠흑의 어둠으로 날아가고
칠월의 먹구름 사라져라
별빛 촘촘한
내 가슴속의 강물엔
물 무리마다
반짝반짝
칠보의 무지개를 새긴다

벼랑 끝이 되어 돌아보다

안개 흩어져 사라지는 벼랑
부러진 고목 위태로이 지탱한 긴 세월
천 길 낭떠러지 발붙임이 아득하다
천 년 풍화로 갈라진 벼랑 틈
어쩌다 머물렀을 씨앗
먼지바람에 빗물 한 가닥으로 연명하였을 삶
부러질 제 뿌리 미처 돌아보지 못하고
거목 지탱한 신비로움만 당당하다 과신하였구나
바위에 균열을 가하며
실낱 희망으로 버티고 있는 외 뿌리
말라가는 고목 외면한 채
삶은 또 생을 잇고자 보일 듯 말듯
그 뿌리에 뿌리를 내리고 있다
허공에 누우리라 가늠치 못했을 고목
푸른 힘 다 빠지고 말라붙어
이젠 내려놓고 싶은 삶
애써 아래로 쏠리는 몸 흔들어 의식 확인해 보는데
천상의 음성이 내려와
고목은 밧줄에 묶여 아래로 내려지고
베어진 그 자리엔 미처 쓸어가지 못한 고목의 유훈
깊은 산 중 계영배의 경종인 듯
먼지바람 흩뿌림만 덧없다

때론 미완성이 더 아름답습니다

하루해가 갯벌에 몸을 풀고 떠나면
명작을 남기기 위한
무수한 덧칠의 날들이 지워지고 맙니다
흐름이 혼탁하여 검붉다는 것은
왠지 서럽게 지워져 가는 그리움 같습니다
나는 노을 속으로 지워져 가는 그댈
나의 화선지에 옮겨 가둬두고 싶었습니다
그리고 완성되어가는 그댈 보며
수없이 붓을 빤 듯
갯벌이 검붉은 노을빛이 될 때쯤
나의 몸은
그댈 덧칠한 물감이어서
화선지 속으로 옮겨가 말라붙었습니다
어둠은 점점 짙게 깃들고
슬픈 이별의 빛이 화선지를 적십니다
영영 그대가 지워질까 두려운 시간이었습니다
맞잡은 손의 가락지를 풀며
어둠의 엄습 어쩔 수 없어
화선지에서 그댈 엷게 벗겨 보냈습니다
그때 이후 그댄 내 마음속에
미완성 엷은 수채화로 남았습니다

기다림이란 빈 벤치 같다

아리다는 것
못내 서글프다는 것
말에 가시가 있다는 것은

참아주고
혼자 삭혀주고
꽃잎이 어느새 지고 남도록

씨방에 그의 가시를 잉태한다는 것
가시를 잉태한 나무는 의자가 되어서도
엉덩이를 찌르고

사후, 사랑하는 이의
손가락을 찔러댈 수 있다는 것을

도토리

#
호박에 새총질 하던 까까머리 짱구 생각난다

영희 짝이 되면서
털 도토리가 되었다는
지금은 판사가 된 내 땅꼬마 친구

#
겸손의 스승이다

군것질감도 못 되면서
분골쇄신하면 묵이 되어
잔치에 꼭 필요한 귀한 존재가 되니

#
고슴도치다

잊기엔 너무 안타깝고
간직하기엔 너무 가슴 아련한 첫사랑
마지막 남긴 가시 돋친 말
품기엔 가슴 아프고
잊기엔 안타까운
먼발치서 바라볼 수밖에 없는

아내 몰래 다독여야 하는
간직하기엔 너무나 아린 애증

흔적

툭 투둑 태풍이 시작됐다.
양철지붕 위 질주하는 누 떼처럼
그 몹쓸 계절의 오열
비바람 앞에 누운 심정 미어지는 사선의 순간
짜르르 짜르르 격투에 사납던 것들 눈물로 온다

홈통에 흐르던 한두 줄기의 낙수
겨우 지탱해온 소시민의 가슴에
휭 휭 풍속 북북동 40m/s 볼라벤
악령의 주술에 걸린 듯 쏟아져 내린다

전장의 참상인 듯 언제까지나 하염없을
소시민국의 국란이 저물고
전란의 폐망처럼 널브러진 정적
빼끔히 잿빛 핥는 햇살의 실눈
쪼옥 쪽물의 홈통
격동이 그치는 딸꾹질

그렇게 처절했던 악몽의 날은
고비를 넘기고도 2시경이나 더 꼬리를 감아 갔다.
저주의 주술을 풀듯 2012년 8월 29일 인천뉴스

한 계절의 여운

단풍잎 아직도 물기가 어려 푸릇한 것이
이제 떠나갈 채비를 마쳤음이리

가슴 쓸어내며 풀매미
속 후련하게 울었어도
뜻 모를 속삭임에
새벽마다 이슬로 글썽였으니
채 못 다한 계절의 연서 탓이리

해 드높은 오후
옷깃에 풀빛 마를 때쯤 보내드리리
가을은 풍만한 청록의 포옹
행복하였노라고
이 산 저 산 얼굴 붉히며

아직 푸른 솔가지 옆에 서서

가을은 뜨거운 커피

그 향기 조금씩 식어가며 깊어지고

두 물 갈라 우뚝한 느티나무
두물머리 강기슭 너와집 카페엔
나뭇잎 붉게 물들고
먼 모퉁이까지 커피향 그윽이 발길을 끕니다

노을 속으로 빨려들듯
바람 따라 안으로 들어서면
벽난로 옆 탁자 위 커피 잔
김 모락모락 그의 매혹 잔잔합니다

커피 프림 대신 가을을 한 스픈 넣어
한 모금씩 음미하며
그대 얼굴 읽어 가기를
서두름이 없는 물결처럼 하렵니다

강물에 내려앉는 별빛들
수없이 도란도란
가을, 어느새 저리 깊어졌을까요
저토록 내 가슴도 깊어집니다

그대를 가슴에 새깁니다

그는 애써 태연하려고 했습니다
철 지난 길섶의 꽃
홀로 환한 척 바람 앞에 힘겹습니다

지하로 내려가는 계단에는 바람이 가을이어서
다 말라버린 그의 머리카락을 쓸어 올리고 있습니다
허옇게 퇴색한 꽃잎
금방 바람에 불려 갈 것처럼

라면 한 그릇하라고 지폐 한 장을 건넸습니다
그제야 어슷하게 비취는 햇살 한줄기

그리고 무심히 스치는 숱한 일상들
휴대폰 진동음이 가슴팍에서 울렸습니다
"카드 분실하셨나요."
텅 빈 주머니 속의 당혹스런 손가락
"아. 네! 고맙습니다."

가슴엔 두근두근 해바라기 노랗고
작은 호의에 환해지던 초라한 노숙인이 떠오릅니다

가을비에 젖는 날

– 이별 지우기

종착역엔 비가 내렸네
창가에서 그댈 보내던 오전처럼
말간 나뭇잎 저렇게 소리 없이

마른 빗발에 잠시 무지개가 폈네
그중 저 빛
보랏빛 아련한 그대의 빛

열차가 또 떠나네 저 멀리 꼬리를 감추며
돌아온다는 기약은 없네
하지만 믿고 싶네 돌아오리라고

오후에 또 비가 내리네
어느새 물들었을 단풍
흡사 그댈 기다리며 젖은 나와 같네

언제쯤이면 잊힐까
다음 가을엔 잊혀질까
열차가 또 들어와서 나를 슬쩍 엿보고 가네

해질녘 가을비에 젖네

가을 그대여

어느새 그대 손길에
들녘은 푸른 숨 고르지 않고도
황금빛 두근거림으로 무르익어갑니다
간밤 휘영청 달빛에
새근거리던 샛바람
아마도 그대가 돌아오고 있음을
전하고 있었나 봅니다

가을에 쓰는 편지

—애도

나는 함께 가지 못했습니다
다만 떠난 그에게 물어봤을 뿐입니다
낙엽에 담겨 갈 수 있을까를
그래서 마른 갈잎에
소망을 적어 한강 언저리에 띄웠습니다

깊고 푸른 강
바람도 없는 고운 날에
그의 영혼은 그렇게 훨훨 떠났습니다

어느 날 그의 답장이 왔습니다
하늘이 하얗게 변하고
실비 길게 유리창에 한 자씩 젖는 날
그는 낙엽에 담기지 않고도 훨훨 날아갈 수 있었노라고
하지만 눈이 오고
파릇한 봄바람이 또 가고
꽃잎이 피는 것을 다 보고 나면
잊지 말고 그 모습 갈잎에 적어 또 전해달라고

떠난 그가 말했습니다
임이 있어
임의 숨결처럼 계절이 오고 간다고
때문에 마음은 아직 가지 못하고
낙엽 지는 날 영혼만 훨훨 떠나갔노라고

가을 · 1

꾸미지 않아도 전령사인 것처럼
고추잠자리처럼 빨갛고
코스모스처럼 가냘프고
들국화처럼 청순한
그 누구의 연인

정녕 내 사랑은 아닌지
아득히 하늘 푸르고
금빛 햇볕 따갑게 내리고
찬바람에 그리움 한없이 더해가는
그런 계절에 떠오르는 이름

노을이 물드는 카페에서
커피 한잔
여유로운 이 계절의
참 의미로 다가오는
그대여

가을 · 2

가을이란
나뭇잎들이 나무에서 내려와
나는 낙엽이요
나는 단풍이요 하는
그것은 단지 겉으로 보이는
얼굴일 뿐

가을이란
가야 할 때를 알고
다시 돌아올 긴 기다림의 문턱에 서서
사랑하는 이들을 위하여
한 해의 수확을
베푸는 것

가을이란 그래서
만인의 사랑 조물주의
또 다른 이름이다

메밀꽃 · 2

먼 길 돌고 돌아 이곳에 서보니
아버진 반짝 한순간, 그 때문이셨다

봄부터 그토록 하얀 드레스의 꼬마 신부를 보시기 위해
저 흠뻑 젖은 범바위로 우뚝 서서
마음을 심고 사랑을 주어
햇살 깨지듯 눈부시게 하얀 꽃을 피워내셨다

해마다 범바위골 9월
화전火田에 피는 아버지의 딸

향기로 남은 꽃

얼핏 고운 꽃이었다
코앞을 스치며 은은히 향기 자아내기 전에는
사라지는 뒷모습
향모(向慕)의 은빛 눈부심이었다

말로는 어루만질 수 없어
쪽지를 건네는 손끝에 꽃술이 핀다
꽃잎 깊이 마음 닿기를,
답장이 왔을 때
그의 씨방에도 초롱불 환하다는 것을 읽었다

그 후 한동안
그 꽃, 향기로만 내게 왔다
언젠지 어떻게 피었는지
못내 아련한

행여나 맴도는
얼핏 저 스치는 여인에게서
빛바랜 그 향기가 난다

돌아보면 그댄 나의 참꽃이었습니다

붉은 장미여
그댈 위해 그 숱한 날
바라보는 것만으로도 기쁜
나는 그대를 위한 헛꽃입니다

유월의 설화여
불타는 나의 정렬
그댄 더욱 백옥 같았으니
그대 또한 나의 기쁜 헛꽃이었습니다

꼭 사랑할 나의 꽃이여
나는 그대의 품에
그대는 나를 품은
우린 한 다발 행복입니다

돌아보면 우린
서로의 헛꽃이 아니었습니다
서로 뜨겁게 사랑했던 참꽃이었습니다

가을비

울음이 터진 걸까
왜 저토록 서글픈 것일까
물 확, 아버지의 가슴에 내리던
여린 꽃의 흐느낌이다
강물 후벼 파던
여린 것의 투정
애처로워 감싸주시던
아버진 늘 넉넉한 강이셨다
삶이 무르익어
강렬한 아버지인 강
여린 발 씻기던 깊은 정
이젠 단풍나무 발목 겨우 잠기는데
붉은 수심, 가슴 젖도록 더욱 깊다

물꽃 무수히 피우며
또 아버지의 가슴을 찢는 가을비

내일은 새로운 태양이

나목, 스산한 바람 앞에 초라한 전설이 되어 가는지
그 푸르던 기상도
그 화려했던 전적도
이젠 한낱 빛바랜 무용담이 되어 가는지

돌아보면 출렁거리던 애환의 물결
(강보에 싸인 아가는 첫 걸음마를 시작하였고
책 속에 코를 박고 살던 그 녀석은 대학에 떡하니 입문하였고
부모 속 까맣게 태우던 허구 백수는 대기업에 입사하였고
꿈으로 가득 찬 그 젊은 부부는 신접살림을 나고
주린 배를 허리띠에 묶고 살던 그들은 아파트를 장만하고
가슴에 가난을 담고 살던 김 사장은
통장마다 웃음이 넘쳐나고)

정년퇴직한 그가 갑작스레 사고사 했다는 소식
나이 지긋한 친구 모친의 귀천
눈만 뜨면 쏟아지는 크고 작은 사건 사고들

그래도 나는 다행이었다
그래도 나는 행복했었다

노환으로 어머니가 돌아가시고
군대 간 조카 병원에 입원했다는 소식 외에는
우리 세 식구 모두 건강하고
내 사업장엔 일거리가 늘어나고
우리 딸 서울시 7급 공무원으로 발령이 난 기쁨
이만하면 우리 가정 올 한해 승승장구가 아니었던가

그래 이젠 보내자
기쁘게, 즐겁게, 고맙게 이젠 묵은 해를 보내고
다시 기다려 새롭게 맞이하자
기쁘고, 즐겁고, 고맙게
동해를 박차고 솟아오를 새 희망을, 새 태양을

살얼음

해맑은 눈웃음
스미듯 저미는 가슴

첫눈 받아 안고
해맑게 미소 짓는 소녀를 그린다

빛바랜 듯 뽀얀 눈꽃 길
살캉살캉 첫사랑

5부

네가 그리워질 거야

그곳에도 지금쯤

그였을까
깊은 밤 잠결에 귀를 기울였다

달그락거리는 곳엔
달빛이 오랜 시간 그려 놓았을
화분 반쪽이 거실 바닥에 선명했으나
별빛은 유리창을 넘지 못하고 창밖에서 반짝였다

별빛이 쏟아지는
그런 이야기는
바람이 시린 밤에 더욱 선명하였다

문득 그 밤을 생각해 냈다
아직 소년이어서
소녀를 위하여 별을 건져내던 때를

그곳엔 지금쯤
맑은 저수지 얼음장 밑으로
별들이 쏟아지겠다

마른하늘에서 떨어지는 말

말에는 귀퉁배기가 있다
몰래 다가오는 다리가 있고
거짓 귀가 있고
화를 돋우는 입이 있다

말에는 감정이 돋아나고
불쾌함이 살아나다가
측은지심이 우러나와 슬픔을 일으키고
오해를 유발한 잘못을 알게 되어
미안하다고 사죄하고 싶어진다

말에는 진실이 있으며
취중유골일 뿐 술 취한 개는 없고
평소 직언으로 진실을 말한
장본인 귀퉁배기가 타당하다

선생님 안녕하세요

낯선 그 모습 설치 않다
그와의 인연
언뜻 오래전에 엮인 것인데
보일 듯 말듯 이어진
끊어질 듯 놓지 못한 그분
시 창작 강의 중 저만치서 나와 마주친 것이다
눈빛이 살아서 마음을 꿰뚫고
맑아 청량한 기운이 역력하니 틀림없다
기억의 회로가 빠르게 요약하는데
꿈엔들 잊을 수 없어 맴돌아 글로만 그리던 그다
등단의 첫 관문 열던 아득한 때로 가서
그 속을 들여다보고 또 펼쳐본다
한 자씩 꼬집던 빨간 팬 여전히 선홍빛이 살아있어
그날인 듯 웃으며 꼬집는 눈빛
아직도 경상도 사투리엔 말간 종소리가 난다
그의 눈총 내 두 눈 속에 담으니
자혜로움의 뿌리에서 오는 선홍의 핏물 같은 연줄
여전히 스승의 흔적 크고 짙게 그려진다
작은 몸집에 차곡차곡
잘 정돈된 선홍의 밑줄 여전히 그다웠다

내 글마다 닮아 피는 그의 문체
여물지 못한 곳엔 밑줄 아직도 선명하다
2012년 12월 30일 남산시낭송회에서

멱살

“그와 내가 얼굴이 닮았냐?”
그가 한참 만에 하는 말
“ 비슷한데 걔는 반반하고 넌……. 범죄형이랄까.”
그의 토악질 정말 역겨워 멱살을 잡는다
‘평생 변변한 직업 하나 없는 빈대 주제에’
무심결의 실언 수습에 뒤 급한 강아지 꼴이 된 그가 옹색하니
“아니, 좀 거칠어 보인다는 말이지.”
사실 내가 봐도 그의 말이 맞긴 맞다

왜 저가 입후보하는데 날 덤으로 세우는지
난 늘 2인자인지?
그런 멱살은 수도 없다

언젠가 노래방에서
분명히 내가 계산을 했는데
파장에 걔가 묻자 주인이 하는 말
“아까 선생님께서 계산하셨잖아요.” 하더군.
술은 우리가 취했는데
웬 주인장이 이 빠진 말(失言)을
이런 황당한 돈 쓰고 봉변이라니…

그래도 위안인 것은 내 멱살 덕에 저들이 즐겁다
휴대폰 벨 소리
그와 저들의 익살스러운 목소리
폰 속에서 또 멱살 잡는 소리가 들려온다

난 늘 밤나무 곁에 서 있는 긴 장대지만
내 덕에 저들은 알밤을 즐길 수 있어 좋다

지구의 반쪽

술 취한 사내가 천하를 얻은 양 지표면을 흔들며 걸어간다
바람이 동쪽인지 서쪽인지 미처 분별 못하는 사내의 면상을 갈겼다
일순간 눈에서 별들이 살아나 하늘로 높이 달아났다

소피가 급한 사내가 으슥한 곳을 찾아
시원한 강줄기를 쏟아내다가 무언가를 발견했다
그와 생사고락을 같이했을 병들의 잔해다
깨진 병,
거꾸러진 병,
아가리에 담배꽁초를 잔뜩 물고 눈이 뱅뱅 도는 병,
먹다가 만 인생을 담고 악취를 풍기며 썩어가는 병,
취한 채로 온전한 척 긴 노끈으로 넥타이를 매고선 병,
인류의 역사를 창조한,
문명을 거꾸러트린,
흉악하게, 때로는 아름답게,
이끌어온 주역들이 사용시효가 지난 채
그의 긴 역사의 낯짝을 빤히 쳐다보고 있었다

그 순간 살금살금 그의 시선을 훔친 고양이 한 마리가
어둠 속으로 잠입하여
그가 버린 지구의 절반을 사수한다
오싹 한기를 느끼며
그는 지퍼를 올리고 반쪽의 지구를 향해 자전하라 외쳤다
즉시 달려온 바람에 빈병들은 주둥이를 씻고
폐허의 삭막함을 노래하기 시작했다
그리고 지구의 반쪽을 벗어나려는 듯
그는 그 밤을 맴돌며 갔다

수직의 면을 보다

바다의 수면을 잘라봅니다
수면은 거친 파도이고
수심은 내려갈수록 맑고 잔잔해지다가 점점 어두워집니다
알면 알수록 아득해지는
그대인 듯 말이죠
물 위를 표류하는 달빛에 굳어버린
내 심장인 듯 말이죠
나는 그 깊은 해저에서
무엇도 볼 수가 없었죠
눈을 뜰 수 없을 만큼 수압에 눌려
오징어포가 될 지경이었거든요
오동통한 오색 잔물결 같은
물고기 떼처럼 내 번민도 무수합니다
고요 중에 햇살 같은 맑은 그대 음성이
밝은 곳으로 나를 이끄는 꿈
꿈이 아닌 것 같아요
웅성거리는 소란 속에서
그대의 울음이 들려요
하얀 그대의 손길이 보여요

달빛이 수면에서 달아나 서산을 넘고
파도가 잔잔해지는 꿈
내 심장이 다시 뜨거워지는 꿈
정녕 꿈이 아니었어요
수평선에 아침이 열리고 있었거든요

인사동 길 아득한 화랑

나는 가끔 아무도 없는 그곳에 서 있다
설렘이 일던 그날처럼

그 속엔 펑펑 눈이 쏟아진다
버스가 와서 섰다
사람들이 구술처럼 흘러나와 눈 속에 파묻혔다
그리곤 또 아무도 없는 시간이 흘렀다

눈발 저 속 아득히 카페의 불빛이
가련한 연인들의 연민으로 애잔하다
어깨에 쌓이는 눈
그 눈 속을
둘이 걸었으면

한기가 느껴진다
그 곳을 빠져나온 순간
그대의 기다림이 있던, 그곳만 덩그러니 남았다

궤도이탈

깜박하는 사이 종착역이니
언제 역 수가 그렇게 줄었는지
혹 나 때문일까
1호선 공사기간은 4년이나 걸렸다던데
잠깐 사이 열 개의 역이 줄었으니
내 졸음 탓에
누가 20분이나 시간을 잘라 갔다
잘린 그 시간 정말 사라졌을까
나는 잠깐 잠에 빠졌지만
시간은 돌이킬 수가 없다
그래도 졸음 밖의 시간은
저렇게 반짝거리며 누군가의 시간으로 살아있다
천체의 자전과 공전이 있는 한
시간은 살아서 오고 또 살아서 온다
나 아닌 천체의 시간으로
영원한 공전과 자전하고 있다 +--

환상

가야 할 길만 있고
가는 길, 그 뒤통수를 본 사람은 아직 없었다
하루도 그 산이 예 있지 않고
제 마음 둔 곳에 우뚝 서는 변덕스런 세상
낙타의 긴 속눈썹으로 가늘게 봐야 겨우 보이는
발자국을 지워버리고
늘 새 길을 재촉하는 심판의 땅

물에 녹은 나를 찾아
먼지바람 중에서도 물을 보고
물의 소리를 기억하는
먼지바람이 되어가면서도
물에 닿는 갈망만으로
물을 향해 밤낮 모래 산을 넘는다

두고 온 것을 잊기 위한 의식도
길을 찾기 위한 도전도 지우고 싶은 순간들도 아닌 것을
길을 내며 가도 사라지는 욕망만 같은
앙상한 삶을 지탱하기 위해
저 비굴하고 잔인한 맹독의 전갈처럼
모래 산을 넘고 있을 뿐이다

밤이 두 번 세 번 먼지바람을 겨우 멈추고
별빛과 이슬을 내려 위로하였는데
떠나온 집이 그리움으로 되살아오고
길이 없어도 돌아보면 길 같고
하늘엔 내 집 우물 속에 피던 별꽃이 인다
몸은 수백 년 석상인 듯 푸석푸석 먼지바람인데
뺨의 눈물이 내가 가던 유토피아요
나의 물이다

해 오름, 혈을 데우다

어둠에서부터 기원하는 붉은 오름은
수천 년을 거슬러 실핏줄까지 일깨워 박동케 한다.
뜨겁게 솟아나 뜨겁게 저물어 생명을 푸르게 한다
수없이 반복해도 항상 새로운 것은
작은 생명까지도 소중한 까닭이다

산천에 혈이 흐르고
무릇 빛과 소리에도 생명이 있어
어느 한순간도 오름은 멈출 수가 없는 것
세상의 조화가 빛으로 푸르렀다가 퇴색되고 나면
또 한 생명이 태동하는 것이다

절벽 끝에 뿌리를 내린 소나무
기원을 지키려 높은 절벽 아래 씨를 뿌린다
음지엔 토착할 수 없어
바람 타고 계곡을 건너 혼을 묻게 하고
오름의 붉음으로 실핏줄에 이어 닿기를 소망한다
솔씨가 남산에 옮겨가는 것을 보고서야
저 늙은 소나무 벼랑 위 아득히 서서 백 년쯤 피를 말린다

편한 곳에선 몇 백 년을 이어 살고
한 아름 일송정도 되고 비틀려 백로의 둥지도 되고
생이 고르지 못해도 한 뿌리도 헛삶이 없다
제 잎을 쌓아 어린 묘목마다 빛이 들게 하니
고사목이 되어도
눈보라 막아주고 비바람을 막아서서
한 백 년쯤 새들도 모아들이고 적막함을 달래준다
그 덕에 실한 대를 세우고 어린 솔은
귀한 노송이 되어 간다

혈이 퍼지는 동안 장송은 더욱 웅장해지고
기슭에 묻은 잔솔은 온몸에 기운이 돋아
빽빽이 살을 입혀 숨결 고르게 온산에 퍼진다

해 오름에 사당에 들어 영정을 찾아뵈니
사방팔방 붉은 혈로 가득하였다

저 달이 위안이라네

둥 둥 둥
그런 달이라네

언니가 처음 느꼈다던 가슴속의 북소리
섣달보름 갓 지난 귀갓길
한 발짝 앞서 가며
모퉁이마다 히죽이 수줍다네

환하게 둥둥 떠오르는
나도 달 향해 둥둥 떠오르는
마치 하얀 풍선처럼
손에 닿을 듯 푸근하다네

둥 둥 둥
그런 달이라네

요즘처럼 수도꼭지가 얼어 터지고
구제역에 마음 꽁꽁 얼고
평생 처음 항구엔 뱃길마저 얼어붙어
고향 길 동동거리는

이런 살을 에는 계동 칼바람에도
피랍 상선 구출소식 보며
한번 느껴보게나

둥둥둥 뜨는
저 달

삶의 향기
– 비움의 의미

1
칼자루를 잡는 날보다
칼끝에 서게 되는 날이 더 많은 것이
우리네 삶이다

남을 심판하기보다
내가 심판받음을 당연히 여기면
족쇄 벗는 홀가분함을 얻을 텐데

2
유유자적 나루에 버려진 나룻배이거나
아무도 타지 않고 강물에 떠있는 빈 배이면

누가 탐하지도
소리쳐 길을 비키라 악쓰지도 않을 것이니
비우고 비우는 것
천지에 그보다 자유로운 것은 없다

둥글게 다가오는 설

설, 둥글다는 생각이 든다
달도 겨우 실눈 정도인데
아마도 고향의 향수 탓은 아닌지?

어머님과 가족들
정자나무, 울타리, 우물
고향의 그것들 모두

모난 사람도, 모난 세상도
둥글둥글 어우러짐
그런 모두의 정겨움 탓에
설은 둥글다

그대 목소리 목말라하는

없는 번호라지만 반복해서 걸었지
번호를 지우지 못하는 것은
그대 목소리 들려올까
반복하는 것도
행여나 하는 나의 간절함 때문이지
3G 폰으로 바꾼 뒤에도 지울 수 없는 그댄
여전히 단축다이얼 1번이어서
습관처럼 누르게 되는
1번은 내 마음의 블랙홀
어찌 없는 번호일까
내 폰엔 여전히 길게 누르는 1번인데
겨울비에 눈 다 녹아서
그대 목소리가 끊어지던 그 가을밤 같아져도
대답 없는 갱도 속처럼
여전히 녹아내릴 낌새 없는 폰 속은 ARS 뿐
정녕 내게서 그댄
목소리 지워지기 바라는 걸까
이젠 나 아닌 다른 사람이 생긴 걸까
그대, 새로운 폰엔 다른 사람이 1번은 아닌지

폰 바뀌었어도 여전히 011인 것은
그리우면 언제든 다시 걸기를 바라서인데

그대의 음성과 메시지 저장된 채
혹여 하는 마음에서인데
밤낮 시간은 내 침상 언저리에 멈추어 서서
그렇게 그대 음성 기다리는데

배터리를 충전하고 또 충전해서 기다리는 내 마음은
늘 목말라 창가에 기대어 선
산세비에리아 마른 잎이라네

오래된 꽃집

참 많이도 피워냈다
비도 받고 햇볕도 들이면서
자글자글 손 주름마다 배 앓아 피워냈을 배꼽

꽃 진 자국 위
눈부시도록 아련한 안개꽃
그 손 아직도 하얗도록 피워낸다

가끔은 흰머리 사이 검은 잔치殘置*처럼
열정이 살아나와
붉었을 한때를 풍경諷經**하면서

살아낸 세월
서편 창 노을 붉게 굽어 내리고
돌이켜 그윽이 꽃 숲에 잠긴다

* 잔치(殘置): 남겨놓음
**풍경(諷經): 소리내어 경문(經文)을 읽음

싸잡히다

유명세, 스승의 치도곤보다 더 맵다
세상 비좁은 틈바구니에서
이름 석 자 명판 내 걸기란
그리 호락호락한 것이 아니 듯
저리 생난리들이다
지나치면 촐랑이요
비난의 총성 사납고
묵묵하면 쪼다요
왕따 되기에 십상이다
번듯한 빽도 없고
올라설 발판도 없는데
문설주에 이름 석 자 새기려고
담쟁이넝쿨 촉수처럼
아등바등 기어오르다가 청춘을 다 녹였다
거듭되는 좌절과 시련의 악순환
어느 날 누구에게 유명타 불리었는데
인터넷 열어 보니
동명이인이 수두룩하였다
잘나가는 사람이 열이면
못난 한 사람 탓에 똑같이 욕을 듣는다
슬며시 무리에서 벗어나려
이름 앞에 아호를 붙였는데
사람들은 여전히 악플 총질이다

네가 그리워질 거야

난을 꽃 피우려면 분갈이를 해야 하는데
이때 뿌리를 잘라내야 한다
품에서 곁을 떼어내기란
마음 허탈하기가
마치 말라버린 담장 넝쿨만 같아서
환희 피울 그 꽃마저 측은해지는
서산 저물녘이다
한 줄기 가을바람까지 스산하게 불면
흠뻑 눈물 붉힐 노을빛인 그는
제 몸이 온실인 듯
한 장 한 장 찬바람 막아가며
햇살의 강선 피해 곱게 키워낸 것이어서
새집에 자리 잡기까지는
또 얼마나 곤할까 근심이 큰데
저 둥실 옮겨가는 곁뿌리
떼어주는 모체 저미는 심정 아는지 모르는지
신접살이 내 딸 고운 꽃 피우길
말라붙은 담장이 넝쿨
아비는 한쪽 헛집에 욱신거림 묻은 채
오래도록 네가 그리워질 거다

축하한다. 현주야

백마에 업혀 하늘에서 내려온
은빛 찬란한 다이아몬드 너는
나의 밤하늘에 빛나는 별이었다
그동안 너를 품어낸 하늘엔
곳곳에 너의 빛나는 기쁨이 쌓였다
하지만 그중 가장 찬란한 것은
너의 짝과 나란히 선 오늘이구나
그건 너로 인해 꽉 찬 나의 밤하늘에
또 하나의 찬란한 별을 심어주었기 때문이지

내 딸 현주야 너는 알지
내가 늘 당부하는
잘 먹고, 잘 누고, 잘 자라는 축언
하지만, 그 당부 오늘부턴 하나 더 있단다
시댁 부모님께 효도하고
형제들과 화목하며
너의 짝 호진이와
아들 딸 낳고 행복하란 말이란다

엄마와 우린 오늘 많이 행복하단다
우리 모두에게 오늘이 생애 최고의 날이듯이

싱크홀*

아마도 우린 저마다 커다란 구멍 하나쯤 지니고 사는 것일지도 모른다
태어나는 순간부터 죽음의 순간까지 그리 버둥거리는 것을 봐도
저 장엄한 대자연의 웅장함도 자세히 들여다보면
호수의 백조인 듯 보이지 않는 치부의 위장일지도 모른다

어찌 보면 그 천 길 나락이 태초의 본연이라는 생각
한 사람이 태어나 수천 벌의 옷을 걸쳐보지만
결국 흙인 본연으로 돌아가는 것이어서
천공이란 수억 년에 걸쳐 에워싼
지구의 표면이 사라지는 현상일 수도 있음이다

무한하여 공허한 것이 우주이며
무수한 요소의 결합으로 원인이 발생하는 것이니
다시 흩어지면 본연은 공허한 것이다

느껴보면 우린 지구의 표면을 딛고 있을 뿐
우주란 허공에 둥둥 떠 있음인데
어느 한순간 우리가 모두
거대한 우주의 블랙홀로 사라질지도 모른다면
너무 끔찍한 비극일까 봐

지구촌 곳곳에 천공현상으로 빛과 열기가 식어가고
가식으로 오염이 만연하여 지구가 사라지고 나면
블랙홀 그 끝엔 새로운 시작과 낙원이 마련되어 있다고 외치는 것이다

지구를 뚫고 들어가면 그 중심은 작은 한 점인 것이 상식이나
천체란 입자가 분열하면 할수록 무한하여
그 중심은 결국 무한대의 광활함이다

지층의 천공이란 갱도를 따라 물이 빠져나가 수맥이 비게 된 탓에
바람 빠진 풍선처럼 지표면이 주저앉는 현상
성냥불이 다 타고나면 성냥의 실체는 재로 사라지듯
누에가 뽕잎을 갉아 먹듯 우리는 스스로 지구를 갉아먹고
언젠가는 저 거대한 천공으로 사라지고 말 것이다

나의 구멍을 메우려 지구를 갉아먹는 일
자연을 아프게 하면 자연도 우릴 아프게 할 것이다

*지층천공

옥빛이 되는 길

얼룩진 옹기
불쏘시개에 불 지핀 성냥개비 탓일까
괄게 탈까 헤집는 부지깽이 탓일까
훌훌 타라는 뜻이 아니라
불씨 사그라지라 말렸을 뿐이거늘
2월의 폭설처럼 소통이 오래 감감하였다

그런 그 마음
헤집어 들기를 오리쯤에서야
겨우 가마가 열릴 조짐이 보인다
문 안에서도 아득히 시오리쯤 더 가서야
또 내실이 열린다
활활 아직 불씨가 남아 있다

불타기 전엔 쉽게 열리고
꿈 또한 옥빛 푸르고 영롱하였을 터
식혀가는 내내 그 빛 사라질까 조심스럽다

일행들이 깊고 좁은
귓속에 긴 열쇠를 디밀고
가마 문 열기를 얼마나 지났을까
서서히 아주 조금씩 열려
옹기 푸른빛을 띄우기 시작하였다

트러블 뒤에 화해하기란
도자기의 원색을 재현하는 것보다 더 어려운 일
빛이 돌아오면 이미 타버린 빛
꿈처럼 찬란할지 그 순간 안타깝다

밤하늘 별빛으로 피어나라

쿵쿵거린 가슴
오래 간직해온 수줍은 마음
엷게 열어 보인 첫 페이지
책속에 수놓은 글 매무새
수정처럼 투명하다

마음의 해금 수십 길 맑고 고요함
음색의 조율 막 끝낸
첫 낙수 한 방울의 낙차
영롱한 예지로 새벽 고요를 열어와
가슴 깊숙이 스며든다

섬세하고 예리한 투시
맑은 심안 우주의 끝을 헤아려
반짝반짝 별빛 피어나는
황홀한 호수가 되어
오감의 마디마디 전율로 온다

이 행복 무한하도록
더 깊고 더 푸른 시심 깊은 방들
겹겹이 문을 열어
세상을 밝히는 큰 별이 되기를

작품해설

맑고 투명한 시, 역동적인 힘

- 마경덕 시인

맑고 투명한 시, 역동적인 힘

마경덕 시인

흐르는 물을 바라본다. 햇살에 드러난 물의 뼈가 투명하다. 말랑하고 보드라운 물의 뼈들, 얼마나 투명한지 깔고 앉은 자갈이 다 보인다. 아무것도 섞이지 않은 순수한 맹물이 갈증을 해소한다. 오염되지 않은 청량한 맛에 바라보는 눈이 맑아진다. 이영균의 시편들이 그러하다. 오랜만에 느끼는 맑고 찬 기운이다. 자연과 어우러진 그리움의 기록들, 계절의 표정과 삶의 무늬를 섬세하게 묘사하며 완성을 향해 나아가는 여정이 산뜻한 기운으로 가득하다. 이영균은 사물들과 관계를 형성하며 시적 인식을 넓혀간다. 시의 질료인 꽃과 나무, 흙의 빛깔을 선호하는 시인은 포착한 장면을 놓치지 않는다. 시인의 의식을 따라 순환하는 계절은 새 움이 돋는 봄에 집중해있다. 시인은 일상으로 친숙하게 다가온 자연 앞에 촉觸을 세우고 반응한다. 작고 세밀한 움직임마저 감지하는 시인의 오감으로 자연의 세계는 활력이 넘친다. 아름다운 풍경에도 이렇게 치열한 싸움이 있다. 자연에 천착함으로 발생하는 긍정적인 사유는 생을 보듬고 위로하며 깨달음의 깊이를 더해준다. 시적 대상은 자연에게까지 확대되지만 시인의 마음을 차지한 물리적 존재는 구순九旬의 늙은 어머니이다. 시인의 극진한 마음은 시편 곳곳에 효孝라는 행위로 나타난다. 이영균의 시적 지향은 자연과 사람을 중심으로 펼쳐진다. 사소한 일상 속에서 찾아낸 무한한 '사랑', 시의 뼈대를 이루는 기초는 그곳에서 비롯되었다.

> 담 높은 고적(孤寂)한 그 집엔
> 눈먼 채 세상사 지켜선 나무가 있다
>
> 가시만 무성한 저들의 죄상 눈감아 주며
> 큰 그늘 드리우고 오래 인내한 채
> 새 생명 환하게 피워내는
> 담장 안으로 쏟아지는 금빛 햇살
> 눈부시게 이고 선 나무가 있어
>
> 저들의 새 움
> 나는 나무의 눈을 통해서
> 비로소 세상을 볼 수 있었다
>
> —「세상 끝을 지켜선 나무」 전문

세상의 끝에 서있는 나무는 오랜 시간 비바람을 견뎌온 고목이다. 흘러간 시간의 두께에 맞춰 큰 그늘을 내려놓는다. 가시만 무성한 자식들의 허물을 눈감아 주는 사람은 늙은 어머니이다. 그동안 부모 슬하에서 어린 나무들이 장성하고 새순을 내밀고 세상을 볼 수 있었다. 지금 어머니는 담 높은 고적孤寂한 곳, 세상의 끝자락에 서있다. 그저 먼발치에서 지켜만 볼 뿐이다. 노모가 이고 있는 금빛햇살은 언제까지 가능할까. 「세상 끝을 지켜선 나무」는 희생적인 부모와 이기적인 자식의 관계를 보여주고 있다. 자식이 부모를 외면하는 냉혹한 이 시대의 자화상이다. 시인은 자식사랑에 눈먼 늙은 나무를 통해 소외된 노년의

뒷면을 차근하게 조명하고 있다.

> 요즘 내게 수업(修業)이 하나 더 생겼다.
> 어머니와 겸상하는 시간엔
> 예전에 어머니가 그랬을
> 열 손가락 끝에 정체를 드러내는
> 깊이 숨기고 오대양을 활개 쳤을 강한 힘
> 어쩌다 조그만 접시 위에서 해체를 당하는지
> 그놈, 이 시각 내게는
> 오직 어머니의 반찬거리일 뿐이다
> 알몸으로 숟가락 위에 누워서도
> 삭아버린 어깨에 활강의 힘이 전해지길
> '잇몸뿐인 어머니 입속 부드럽게 미끄러지려무나.'
> 접시에 남은 힘 내 입에 몰아넣어 보면
> 살점보다 가시 천지
> 발라내도 억장 무너지는 서글픈 빗장
> 꾸역꾸역 넘기는 목구멍을 콱콱 찔러온다
> 왜소한 체구의 구순(九旬) 노모
> 고운 자태는 간 곳 없이 서글픔만 어찌 저리
> 내 목구멍에 넘어가는 힘이라도 떼어 드렸으면
> 가슴으로 데워주시던 사랑 아직 이리 뜨거운데
> 온 살 다주시고 뼈만 앙상한 몸
> 문밖 갈 길이 멀고 험해도
> 가벼운 몸보다는 튼튼한 힘이 필요할 텐데
> 어머니의 숟가락 챙기는 내 눈엔
> 울컥 눈물이 소금 간을 친다
>
> –「생선가시」 전문

자식에 대한 부모의 사랑은 당연하지만 자식이 부모를 사랑하는 것은 힘든 수업인 것이다. 시간의 흐름을 역행할 수는 없다. 받기만 하던 위치에서 이제 주어야하는 자리로 바뀌었다. 오대양을 활개 쳤을 강한 힘이 접시에서 해체된다. 어렸을 적 가시를 발라주던 힘은 이제 뼈만 앙상하다. 한때의 젊음도 시간 앞에서 해체되고 이제 잇몸만 남았다. 어머니와 마주 앉아 가시를 발라드리는 모자母子의 모습이 아름답고 측은하다. 문밖의 세상은 노모가 홀로 가야할 마지막 길이다. 길은 멀고 험해 아들은 울컥 눈물이 솟는다. 나약한 노모는 아직도 시인에게 힘을 주는 존재이다. 곁에 있음으로 오히려 삶의 내성耐性이 생기는 것이다. 기억의 내면에 자리 잡은 공간, 그 공간에는 혈연으로 맺어진 끈끈한 가족이 살고 있다. 「생선가시」는 삶의 한 장면을 담담한 필치로 그려내 잔잔한 울림을 주는 작품이다. 내면에서 길어 올린 「배내옷」「사랑합니다. 「어머니」「어머니의 봄」「봄나물」「홍매가 피는 밤」에서도 노모를 향한 극진한 효심이 잘 드러난다.

이영균 시인이 주목하는 또 하나는 자연이다. 자아自我와 동일화된 사물, 주류를 이루는 나무와 꽃은 시 속의 화자와 대면하며 개화開花한다. 시인은 자연에 가까이 다가가 시의 깊이를 캐낸다. 특히 '봄'에 집중한 여러 편의 작품에서 '역동적인 힘'을 느낄 수가 있었다.

> 껍질 벗느라 그리 애쓰더니
> 오늘 아침 드디어 산통이다
>
> 요 며칠 햇살 한껏 포근한 것이
> 볕 고운 곳마다
> 껍질 깨는 아우성이어서
> 드디어 꽃들 봄나들이를 나선다
> 향기부터 퍼트리란 본능 따라
> 제각기 여린 살 내밀 몸치장이 한창이더니
> 스스로 무거운 껍질을 벗은 것들
> 열린 몸속의 꽃잎
> 하나둘 울긋불긋 피워낸다
>
> 부풀대로 부푼 이 봄
> 누구라서 아무 일도 아닌 듯 태연할 수 있으랴
> 이 아침 저 꽃들과 한마음으로
> 나 또한 이 봄을 문안한다
>
> –「산통」 전문

아름다움 뒤편에 숨어있는 통증, 몸을 찢는 고통을 대가로 지불해야 생명을 얻을 수 있다. 나무들도 껍질을 찢고 몸피를 부풀린다. 나무들이 봄에 치르는 경건한 의식이다. 햇살의 농도가 짙어지면 향기를 짓고 꽃잎을 만드느라 부산한 나무들, 통증은 절정에 이른다. 더불어 함께 살고 있으니 어찌 아무 일도 아닌 듯 넘길 수 있을까. 나무들도 혹한에 얼어 죽기도 하고 바람에 꺾이고 뿌리도 뽑힌다. 고통과 죽음을 넘어 잉태를 하고 산통도 겪는 것이니 어찌 목숨이 귀하지 않으랴. 이영균은 당연시 여기고 무심히 보아 넘긴 '어느 때'를 끌어당겨 봄과 눈을 맞추며 문안을 올린다. 「봄 오는 소리」에서도 땅이 녹고 기침소리가 잦아들더니 동백 봉오리에 붉게 화색이 돈다. 봄이 가진 특성을 잘 짚어내고 있다.

> 길게 드리우던 그림자 꼬리가 점점 짧아지고
> 그의 기침 소리가 잦아드는 걸 보면
> 긴 고통이 끝나가고 있음이다
>
> 동백 작은 봉오리 붉게 화색이 돌곤 하더니
> 들꽃이 만개하는 계절에는
> 그곳에 피겠노라던 예견
> 점차 개화의 빈도가 잦아짐은
> 그도 꽃잎 피울 시간이 가까웠음이요
>
> 아침마다 햇살 붉어짐도
> 겨우내 얼었던 그의 땅이 녹고 있음이다
>
> –「봄 오는 소리」 전문

시인의 섬세한 감수성은 봄의 내면을 촬영하여 보여준다. 꽃의 얼굴에 화색이 돌면 접혀있던 봄이 피는 것이다. 겨우내 얼었던 마음이 녹고 그 자리에 봄이 내려앉는다. 봄이 오는 소리는 얼었던 마음이 풀리는 소리이다. 텅 빈

허공이 채워지는 소리이다. 개화와 고통은 한 자리에서 진행 중이다. 화려한 만개滿開의 뒤편에 또 한 번의 낙화가 기다리고 있다. 바깥과 소통을 기다리던 것들이 또다시 단절을 겪어야한다. 생성과 소멸은 늘 함께 붙어 다닌다. 마치 삶과 죽음이 한 몸인 것처럼.

「한 방울 물의 숨소리」에서도 시인의 귀는 한 방울의 숨소리까지 다 찾아낸다.

> 저 오수에 든 고요한 물웅덩이
> 어쩌다 한 방울 수면을 흔드는 낙수의 역동
> 솟구침 가라앉으면 파동 둥글게 퍼져 나가
> 아직 남아 있을 기력
> 물가의 산 그림자 은밀히 흔들어 깨운다
> 깊이와 범주 그것은 기록이고 인내이다
> 목적도 의도도 없었을
> 무수히 와서는 깨지고 부서졌을
> 아득히 하늘이 녹아든 행의 해답인 듯
> 투명한 물방울의 집합
> 멈춘 듯 살아 있음을 구름 한 조각 흘러가고
> 수많은 조건 중에 선택되었을
> 가장 짧은 흐름이 때론 가장 맑은 생이리
> 햇살과 바람과 숲에서 생을 일구어내는
> 또 다른 물방울의 의미여서
> 뭇 생명이 살아 숨 쉬는 순간이다
> 짐승의 목으로 발자국으로
> 나뭇가지와 잎으로 물길이 나고
> 꽃피고 지고 또 다른 계절을 따라 흐른다
> 아득한 그곳에 닫기 위한 끊임없는 흐름
> 해탈에 든 고서 같은 노구인 듯
> 산 그림자 은밀히 깨우는
> 가까이 보기엔 무모한 그것은
> 바다를 완성해 가는 물의 길이다
>
> –「한 방울 물의 숨소리」

고요한 물의 웅덩이, 한 방울의 파문은 남아있는 기력

으로 산그림자를 흔들어 깨운다. 무수히 깨지고 부서진 하늘의 조각들. 녹아든 투명한 물방울의 집합은 해답인 듯 강이 되고 호수를 이룬다. 거대한 물줄기도 애초에 한 방울의 물로 출발했을 것이다. 어쩌면 호수는 물의 파열음으로 채워진 상처들이다. 한 방울 물의 숨소리가 쌓이고 쌓여 한 곳에 집합을 이룬 것이다. 수많은 조건 중에 선택되었을 가장 짧은 흐름이 가장 맑은 생이 되었다. 상상적인 감각이 그려낸 풍경은 아름답고 고요하다. 가장 짧은 호흡이 동질의 것과 합체하며 큰 힘을 가진다. 한 방울의 파장이 자꾸 번져나간다. 「한 방울 물의 숨소리」에는 고요함 속에 뜨거운 힘이 깃들어있다. 이렇듯 이영균의 시에는 살아 움직이는 생명력이 있다. 아래 「대나무」에서도 힘찬 태동이 느껴진다.

빗소리 차분차분 그 속을 엿보면
무수한 태동이 보인다
조용한 듯 해마다 남풍을 기다려 되살아나는 생명
요즘 수반의 생각만큼 우후죽순이다

건국부터 가꾸었을 그 밭 복잡하다
제 뿌리로 자연히 번져가서는
오솔길 건너 산기슭까지 빽빽한 것이
한 핏줄의 아집이다

혁신의 혁신이 또 혁신을 낳고
대 뿌리처럼 스스로 커간다
우후죽순 그 속 엿보면
잎도 대도 마디도 똑 닮은 것이

개혁이란 곧 초심이다

—「대나무」 전문

질긴 대 뿌리의 힘은 오솔길 건너 산기슭까지 빽빽하게

뻗어나갔다. 빗소리에 빈속을 차분차분 채운 것은 무수한 태동이었다. 우후죽순 솟구치는 대밭은 점점 불어나는 세력에 개혁을 잃고 초심을 잃었다. 건국부터 가꾸었을 그 밭에 혁신은 난무하지만 잎도 마디도 똑 닮은 것들은 넘어서는 안 될 경계를 넘는다. 이영균은 무리 지어 사는 대나무를 통해 한 핏줄의 아집이 얼마나 무서운 결집인가를 잘 보여준다. 다양한 시공간을 오가는 시인의 활달한 시선은 텅 빈 대나무마저 채우려드는 인간의 욕망을 주목하고 있는 것이다.

받아들이고 싶지 않았다
하지만, 무거운 엉덩이로 내 얼굴을 깰까 봐
하는 수 없이
온몸으로 쿵, 받쳐주었다

얼굴에 금이 가고서야
내 마음은 허상뿐이란 걸 알았다

후회해도 소용이 없었다
반질반질 길 한복판에 광을 낸 잘못에 대하여
길가에 푸석한 것들이 웃을 때
이미 금이 가버린 채

비로소 대립의 각을 세운 위선은
결코, 나의 엉덩이를 받쳐줄 수 없다는 것을

–「빙판」 전문

타인의 상처가 아닌 자신이 받아들여야하는 상처는 더 깊이 느껴진다. 단단하게 대립의 각을 세운 위선은 부드러운 평면 속에 숨어있었다. 화자는 빙판이다. 누군가가 체중으로 들이받은 무게, 반질반질 길 한복판에 광을 낸 대가였다. 받아들이고 싶지 않은 일은 또 얼마나 많을까. 적소를 떠나 대로에 길을 낸다는 것은 애초에 무모한 일이었다. 시인은 빙판에 넘어진 상처를 가해자인 사람에게만 두지 않고 원인을 제공한 빙판에게도 책임을 묻는다. 빙판에 금이 갈 정도의 충격이었으면 사람의 몸인들 온전할까. 서로에게 잘못을 떠넘기는 '궤도를 이탈' 한 이 시대의 풍조를 '언어의 칼날' 을 통해 냉철하고 냉엄하게 묻고 있다.

깜박하는 사이 종착역이니
언제 역 수가 그렇게 줄었는지
혹 나 때문일까
1호선 공사기간은 4년이나 걸렸다던데
잠깐 사이 열 개의 역이 줄었으니
내 졸음 탓에
누가 20분이나 시간을 잘라 갔다
잘린 그 시간 정말 사라졌을까
나는 잠깐 잠에 빠졌지만
시간은 돌이킬 수가 없다
그래도 졸음 밖의 시간은
저렇게 반짝거리며 누군가의 시간으로 살아있다
천체의 자전과 공전이 있는 한
시간은 살아서 오고 또 살아서 온다
나 아닌 천체의 시간으로
영원한 공전과 자전하고 있다

–「궤도이탈」 전문

누가 20분이나 시간을 잘라 갔다. 잠깐 사이 열 개의 역이 줄었으나 잘린 그 시간은 정말 사라졌을까. 졸음 밖의 시간은 반짝거리며 누군가의 시간으로 살아있는데 시인이 졸음으로 소비한 시간은 행적이 모호하다. 그렇다. 누구에겐 목숨이 달린 천금 같은 시간이고 누구에겐 지루하고 고통스런 시간이다. 시간은 누구에게나 공평하지만 쓰임새에 따라 가치가 달라진다. 시간의 파편들을 한데 모아도 흘러간 시간은 이을 수 없다. 우리는 어디론가 사라진 시간에 연연하지만 흘러간 것은 흘러갔을 뿐이다. 일장춘몽 같은 인생의 허무함과 아쉬움으로 이어지는 미지근한 온기가 가슴에 오래 남는다.

> 먼 길 돌고 돌아 이곳에 서보니
> 아버진 반짝 한순간, 그 때문이셨다
>
> 봄부터 그토록 하얀 드레스의 꼬마 신부를 보시기 위해
> 저 흠뻑 젖은 범바위로 우뚝 서서
> 마음을 심고 사랑을 주어
> 햇살 깨지듯 눈부시게 하얀 꽃을 피워내셨다
>
> 해마다 범바위골 9월
> 화전(火田)에 피는 아버지의 딸
>
> –「메밀꽃 2」 전문

메밀꽃은 비를 맞고 돌보던 아버지의 손끝에서 흰 드레스의 신부로 피어난다. 자식처럼 돌보던 메밀농사, 화전을 일구던 아버지는 그렇게 눈부신 꽃으로 잠시 피어난다. 자식을 키우듯 애지중지한 농부의 마음이 메밀꽃에 녹아있다. 가난한 화전민의 아들인 시적 화자는 현실에 대한 저항을 꽃으로 승화했다. 숲을 태우던 불꽃처럼 뜨거운 에너지가 모두 메밀꽃대에 매달리듯 제3집『네가 그리워질 거야』는 딸을 그리는 시인의 마음이 꽃을 통해 표현되었다. 시인은 자신만의 독특한 가락과 장단으로 역동적인 시적 리듬을 구성한다. 숨 쉬는 에너지, 움직이는 에너지의 파장, 맑고 투명한 기운이 이영균 시인의 시적 힘이다. 자연 앞에 섰을 때 시는 만개하고 절정을 이룬다.

I Yeong-gyun

다시올시선 012

네가 그리워질 거야

2013년 11월 20일 초판 1쇄 발행

지은이 | 이영균
발행인 | 김영은
펴낸곳 | 다시올
등　록 | 제 310-2007-00028

139-050 서울 노원구 월계동 382-55(중앙빌 2동 1호)
전화 | 070-7431-5941
팩스 | 031-855-5941
메일 | maxim3515@naver.com

ISBN 978-89-94414-42-3 03810

정가 9,000원